작업자의 사전

작업자의 사전

Worker's Dictionary

구구
서해인
지음

유유히

스스로를 '작업자'로 소개하는 두 사람이 있다. 그들은 "제도가 규정한 '일' 너머를 상상"하길 촉구하고, 직면한 노동 환경을 새롭게 정의 내린 단어를 수집해 사전을 만들었다. 이처럼 우리에겐 우리의 노동을 설명해줄 '핏'한 사전이 필요하다. 인간의 노동은 축소되고 있는 것이 아니라 지형도를 넓혀가는 중이라는 걸 깨닫기 위해. 비록 그 모양새는 다도해와 비슷할지라도 사전을 함께 업데이트할 동료가 있는 한 작업은 계속될 거라는 믿음을 얻기 위해서도. 어쩌면 일하는 사람으로서의 나를 사랑하기 위해 가장 먼저 해야 할 일은 정확하게 정의 내린 나만의 직업 사전을 만드는 것인지도 모른다. 기존 용어의 한계 탓에 노동자로서 자신이 서 있는 지점을 잃어버린 이에게 이 책은 첫사랑에 버금가는 발견을 선사할 것이다.

이서수(소설가)

『작업자의 사전』은 페이지마다 나의 정의를 덧붙이느라 가만히 읽기 어려운 책이다. '대체공휴일'에는 '물건을 제작해 납기를 맞추는 작업자에게는 공장이 멈추는 재앙의 날', '마감'은 '영화를 보고 나온 150여 명의 관객에게 증정될 굿즈가 도착하지 않은 현장의 아수라장을 상상하는 것', '휴가'에는 '1인 작업자에게 그런건 없어'라고 적었다. 책을 읽으면서 당신이 써내려갈 사전과 나의 사전을 대조해보고 싶어졌다. 차이점만큼 다른 사정 속에서도 공통점만큼 같은 고민을 하고 있을 것이다.

작업자에게 정확하고 단호한 '일의 말'을 찾는 것은 중요하다. 갑자기 전화를 걸어온 상대가 무례한 요구를 해올 때는 더욱 그렇다. 말문이 막혀서 10초 이상 침묵이 이어진 적이 있는가? 식은땀이 난다. 전화를 끊고 눈을 질끈 감는다. 프로가 되면 나의 단어가 정확해질까? 평생 프로는 못 될 것 같지만, 적어도 『작업자의 사전』을 읽으면서 다들 눈을 질끈 감고 있다는 사실에 마음이 가벼워졌다.

오세범(디자인스튜디오 '딴짓의 세상' 대표)

퍼스널 브랜딩 시대의 승자는 아무도 없다는 걸 『작업자의 사전』을 보며 깨달았다. 정돈된 '바이오'를 통해 받아낸 일감을 '마감'에 시달리며 해내다 '번아웃'이 온다. 고충을 토로하는 게 시물을 올리지만, 일거리가 없는 다른 작업자는 동료의 피드를 보며 되레 불안감을 느낀다. 이 불안감은 우리가 습관적으로 쓰는 일의 언어에도 고스란히 담긴다. 구구와 해인은 단어 100개의 동상이몽을 해체하고 조각내어 새롭게 빚어낸다.

'이슈'와 '핏' '후킹'의 세계를 외줄타기하는 콘텐츠 작업자로서, 구구와 해인의 언어 사전에 공감의 밑줄을 그었다. 일의 과정을 자신만의 언어로 정의하는 사람이 가는 길은, 불안할지언정 또렷하고 흥미롭다. 모든 이가 노동자도 노예도 아닌 '작업자'로서 이 사전에 한 줄씩 자신만의 명명을 보탰으면 좋겠다.

황은주(중앙일보 폴인 에디터)

우리의 일을 보다 명확하게 바라보기 위하여

2022년 여름, 7년여의 직장생활을 끝내고 본격적인
프리랜서의 삶을 시작했다. 조직을 나오니 그동안 해보고
싶었던 일들을 맘껏 벌일 수 있었고, 그 덕에 일을 더욱
좋아하게 되었다. 좋아하는 일을 하고 있자니 작업에
속도가 붙고, 더 많은 일들이 들어왔다. 그중에는 외부
강연이나 호스트 의뢰도 있었다. 제안을 수락할 때마다
클라이언트가 요청한 프로필을 보내야 했는데 나를 무어라
정의하고 소개해야 할지, 직업 정체성에 대한 고민이
많았다. 커뮤니티를 이끄는 1인 운영자인 나는 기획부터
디자인, 마케팅, 모임 진행, 행정 업무에 이르기까지 다양한
업무를 수행했다. 그래서 특정 직무를 수행하는 사람을
뜻하는 기획자, 마케터, 디자이너, 크리에이터 등은 내가
지금 하고 있는 일을 정확히 설명하지 못했다. 그러다
마주친 단어가 바로 '작업자'다.

　프리랜서나 개인사업자 같은 명칭은 세금 분류를 위해

편의상 엮은 제도 내 단위이자, 하나의 조직에 속하지 않고
감독을 받지 않는 계약상 신분을 의미하는 언어로 상주
근무자도, 아르바이트생도, 계약직도 아니지만 수익이
발생하는 개인이 세금 제도에서 이탈하지 않도록 분류한다.
이와 달리 '작업자'는 제도가 규정한 '일' 너머를 상상할 수
있는 용어다. 당장 수익이 발생하지 않더라도 자기만의
작업을 하고 있는 모든 사람에게 적용 가능하며, 조직에
속해 있더라도 조직 바깥에서 자신의 일을 만들어가는
사람 역시 사용할 수 있다. 또 다종다양한 업무를 동시에
진행하는 나 같은 사람에게도 내가 하고 있는 일 중 그
무엇도 소외시키지 않으면서 작업 과정 전반을 아우르기에
적당한 단어이기도 하다.

　나를 '작업자'로 부르기 시작하면서, 스스로를
'작업자'라고 소개하는 사람들이나 그들이 사용하는
작업과 관련한 단어들에 주목하게 되었다. 스타트업
문화에서 끌어온 단어들, 이를테면 '이슈' '리브랜딩' '후킹'
'바이럴'과 같은 단어들을 스타트업과 무관한 작업자들이
자주 사용하는 게 흥미로웠다. 또 '무슨 생각을 해 그냥
하는 거지'나 '기절 잠'처럼 작업자들이 자신의 라이프
스타일이나 일을 대하는 태도에 밈을 접목시켜 사용하는

경우도 자주 눈에 띄었다. 이런 단어들은 업계에서 주목을
받고 있는 사람이 주도적으로 사용해 유행하는 경우가
많고, 반복적으로 사용되면서 작업자를 둘러싼 세계의
흐름에 중대한 영향을 미치는 듯 보였다.

　작업자가 주로 사용하는 용어들을 자세히 들여다보니,
이 단어들이 흐리거나 놓치는 문제 역시 많다는 걸
깨달았다. 이 용어들은 작업자의 노동 환경을 악화시키는
방향으로 활용되면서 작업자를 '일work'과 '노동labor'의
영역 모두로부터 멀어지게 만들었다. 독서 커뮤니티
들불을 운영하고 있는 나와 뉴스레터 〈콘텐츠 로그〉를
발행하고 있는 서해인은 이러한 작업자의 언어 환경에
관한 문제의식을 오랜 시간 나누며, 우리의 생각을 다른
작업자들과 공유할 수 있는 방법을 고민했다. 그리고
2023년 5월 22일, 『작업자의 사전』의 첫 기획 미팅을
가졌다.

　『작업자의 사전』은 각자의 '일'의 형태가 제각각인데도
그것을 설명하는 단어가 동일하다는 문제의식에서 출발한
책이다. 작업자 듀오 팀 TINN(This is not a novel의 약자.
소설보다 더 소설 같은 현실에 막막함을 느낀 두 작업자의
모임)을 결성한 해인과 나는 작업과 관련한 단어들을

무작위로 문서에 적어 공유하기 시작했다. '레퍼런스'
'인용' '취향'처럼 우리가 일하면서 자주 떠올리고 사용하는
단어들, '핏' '결' '전문성'처럼 무심코 사용하지만 그 뜻이
명확하지 않은 단어들을 적었다. 이렇게 모인 단어를
엮어 각자의 정의를 내린 책이 바로 2023년 11월 제15회
언리미티드 에디션(서울아트북페어, 이하 '언리밋')에서
선보인 『작업자의 사전』이다. 이번에 정식 출간하는
『작업자의 사전』은 언리밋 작업물의 확장판으로, 단어
50개와 각자의 에세이를 추가로 더했다. 먼저 1부와 2부에
걸쳐 일하는 '과정'과 '결과'에 동원되는 말들을, 3부에서는
개별적인 섬으로 존재하는 작업자들의 생태계에서
모순을 일으키는 '관계'의 말들을 살핀다. 끝으로 4부에는
작업자들이 관성적으로 가져다 쓰는 '표현'을 모았다.
단어마다 두 사람이 각자의 관점에서 정의한 최신 의미를
나란히 배치했다.

　자신이 하고 있는 작업과 관련해 여러 단어들을
사용하면서도, 그 단어들의 뜻과 쓰임에 대해 구체적으로
고민해본 적 없는 사람들, '일'이라는 세계에서 같은 단어를
사용하면서도 소통의 어려움을 겪고 있는 조직 안과 밖의
사람들, 작업자들의 단어에 의구심과 문제의식을 가지고

있지만 작업을 하느라 생각해볼 여력이 없었던 사람들, 언어를 정의하고, 해체하고, 재전유하는 과정이 작업자의 노동 환경 개선에 도움이 된다고 생각하는 사람들 모두에게 이 책을 권하고 싶다.

이 책을 초석 삼아, 각자의 자리에서 우리가 자주 쓰는 단어들에 대한 이야기를 시작해봐도 좋겠다. 그렇게 시작된 이야기가 우리가 지금 당면하고 있는 '노동'이라는 거대한 문제에 크고 작은 변화를 불러오리라 기대하면서 말이다.

일러두기

· 단행본, 잡지는 『 』, 영화, 드라마, 웹툰, 노래, 유튜브 영상 및 신문기사 제목은 「 」, 뉴스레터, 유튜브 채널명은 〈 〉으로 표기했습니다.

· 국립국어원 표준국어대사전에 단어가 등재된 경우는 영어 병기를 생략했습니다.

· 외래어 표기는 국립국어원 외래어표기법을 따르되 일부 단어는 관용적 표현으로 예외를 두었습니다.

1부

과정

거절

🗂 작업자의 '짬'이 드러나는 궁극의 지표.

🍃 다음 기회가 주어진다면 꼭 성사시키고 싶은 것.

[구구] 근 몇 달간 다수의 일이 몰리면서 거절 메일을 쓸 일이 많았다. 서로에게 좋은 기회가 될 거라며 무료 작업을 요청하거나 책정된 비용이 노동력에 비해 터무니없이 낮은 경우가 있었고, 내 스케줄을 고려하지 않은 타이트한 일정을 일방적으로 통보하는 클라이언트도 있었다.

나는 나의 평판을 관리하고, 어쩌면 함께 일하게 될지도 모를 훗날을 기약하며 어떤 메일에도 상냥하게 거절 의사를 밝혔다. 간혹 참을 수 없을 정도로 무례한 메일에는 약간의 불쾌감을 우회해서 드러내며 우아하게 거절했다. 모든 메일의 말미에 조건만 수정된다면 일을 하겠다는 여지를 남기는 것도 잊지 않았다.

거절할 일이 늘면서, 거절을 또 다른 일의 시작점이나 가능성을 확보하는 일쯤으로 여기는 내 태도에 질렸다. 거절할 수 없는 좋은 제안들에 답하기에도 시간이 부족한데, 무례한 메일에도 한 땀 한 땀 정성을 들이는 내가 답답했다.

그럼에도 여전히 많은 노력과 정성을 들여 거절 메일을 쓴다. 자본주의 세계를 살아가는 작업자의 불확실한 미래를 위한 눈물 나는 추가 작업이라고 생각하면서.

(해인) "쌀만 가져오시면 무료로 떡을 만들어드리냐고
요?" 어느 날엔가 떡집을 운영하는 자영업자의 호소를 보
았다. 떡집은 손님이 얼마나 질 좋은 쌀을 주재료로 가져
오는가와는 무관하게, 언제나 노동의 대가로 '공임비'를
받는다. 이 공임비라는 건 가래떡인지, 시루떡인지, 백설
기인지, 떡의 종류에 따라 다르게 청구되는데, 어떤 사람
은 떡집 주인이 한 게 뭐가 있느냐고 역정을 내는 모양이
었다. 세탁기가 빨래를 한다고, 식기세척기가 설거지를
한다고 순전하게 믿는 사람들처럼.

내가 자원봉사를 하려는 게 아니라 엄연한 전문성을
가지고 일을 한다는 걸 증명해야 하는 순간이 있다. 노동
에 따른 적절한 보상을 받아야 한다는 걸 알려주기 위해
서. 세상에는 당연한 걸 당연하지 않다고 여기는 사람들
이 있고, 대화를 하다가 결정적인 순간에서 말문이 막힌
다. 속으로는 '처음부터 이 일을 거절해버렸으면 좋았을
걸' 싶다.

그래도 아직 늦지 않았다. 작업자는 오늘도 다음에 확
실하게 거절하기 위한 데이터를 쌓는다.

공유 오피스

물리적인 장소뿐 아니라 일하는 감각, 몰입도, 생산성, 뿌듯함 등을 다른 작업자들과 공유하는 '느낌의 공동체'.

집중을 위한 최소한의 가능성이 우리 안에 남아 있다는 믿음을 공유하는 장소.

구구 공유 오피스는 한강을 기준으로 두 스타일로 나뉜다. 한강 이북에는 원목 가구, 힙한 소품과 간접 조명을 채운, 작업 환경보다 분위기 조성에 주력한 공유 오피스가 위치하고, 한강 이남에는 희고 깔끔한, 무심한 듯 보이는 인테리어에 가격 면에서 효율적인 공유 오피스가 자리한다. 그 외 지역에 거주하는 작업자들은 공유 오피스의 대안으로 '작업하기 좋은 카페'*를 검색해 찾아가거나 스터디카페를 이용한다.

각 스타일은 고유한 느낌을 공유하며 공간을 찾는 작업자가 자연스레 그곳에 동화될 수 있도록 돕고, 작업 공동체로서 '좋은 느낌'을 나누도록 유도한다. 느낌은 곧 작업자가 작업에 몰입할 수 있는 계기가 된다.

해인 코로나19 시대, 재택근무의 단계적 도입은 복지의 사각지대에 놓인 프리랜서들에게 상대적 박탈감을 선사했다. 2021년, 우아한형제들('배달의민족' 운영사)은 직원이 필요한 오피스 가구 및 비품을 직접 구매할 수 있도록 매달 재택 지원비 10만원을 제공했다. 2022년, 버킷플레

* 339쪽 「작업하기 좋은 카페」 참고

이스('오늘의집' 운영사)는 전 직원 대상으로 '의자계의 샤넬'이라 불리며 개당 200만 원대를 호가하는 허먼 밀러 의자를 지급했다.

누구나 처음부터 알지는 못했다. 집에서 일하면서 회사로 출퇴근할 때처럼 업무에 관해 자율과 책임을 지려면, 집 면적의 일부분은 회사와 같이 생겨야 한다는 것을. 그렇게 작업자가 집 한쪽에 업무 환경을 꾸리기를 수개월, 그는 자신이 아무리 좋은 근무용 주거 환경을 마련하더라도 집에 대한 오랜 사랑에 일이 끼어드는 순간 일을 제대로 시작조차 할 수 없다는 사실을 마주한다.

집에서 일이 안 되는 사람들은 그렇게 일정 비용을 지불하고 공유 오피스에 입장한다. 그곳에는 편안하고 안락한 의자와 책상, 공공 화장실 배경음악과 중복되지 않는 뉴에이지 배경음악, 눈치 보지 않고 커피를 리필할 수 있어 안심이 되는 커피 머신이 있다.

구독

🗂 아무리 관리해도 여간해서 줄지 않는 21세기
의 돈 먹는 하마.

💬 고정이 간헐이 되고, 간헐이 고정이 되길 반복하
는 이상한 세계.

구구 매월 첫째 주 루틴 중 하나는 스프레드시트에 적어 둔 구독 리스트를 업데이트하는 일이다. 작업에 필요한 각종 프로그램과 OTT 플랫폼, 음악 스트리밍 앱 등 꾸준히 사용하는 구독처와 너도나도 좋다기에 가입해본 일회성 구독처를 기록한다. 그 다음 각 구독처의 마지막 사용일을 기록하고, 오랫동안 사용하지 않은 곳을 해지하면 정리가 끝난다.

최근에는 글 콘텐츠 서비스 플랫폼도 늘어, 매달 정리해야 할 목록이 길어졌다. 일부 프로그램은 매월 혹은 매년 납부하던 구독료를 별도의 유예기간 없이 인상하거나 프로그램을 평생 사용할 수 있던 일회성 구매 방식을 완전 구독형으로 전환하는 등의 조치를 취하고 있어 신경 써서 관리해야 할 구독처가 늘었다. 상황이 이렇다 보니 구독처의 가짓수를 줄여도 구독료 총액은 변하지 않거나 오히려 늘어나는 기이한 현상이 벌어지기도 한다.

해인 무엇을 유료 구독하고 있는가는 그가 어떤 작업자인지를 말해준다. 다음은 내가 정기적으로 구독료를 지불하고 있는 것들이다. 집세, 관리비, 통신비, 교통비, 보험 등 생활 영역은 제외했다.

① 과정

① 생산성 툴	② 고정 구독	③ 간헐적 구독
일을 하기 위한 기본 조건이다.	일을 위한 인풋은 주로 이곳에서 온다. 물론 무료로 감상하거나 일회성 소비를 통해 인풋을 얻는 경우도 많다.	역시 일을 위한 인풋은 이곳에서 온다. 때에 따라 볼 게 많으면 구독을 유지하고 반대의 경우 미련 없이 떠난다.
어도비 포토샵, 어도비 프리미어, 노션, 스티비, 구글 도메인, 우피, 조이	넷플릭스, 왓챠, 웨이브, 티빙, 네이버플러스, 바이브, 스포티파이, 밀리의 서재	애플TV+, 디즈니+, 아마존 프라임 비디오, 쿠팡플레이, 폴인, 롱블랙, 캐럿, 팟빵 오디오매거진

Tip 구독 항목이 늘어나면 해지일을 관리해야 하는 추가 부담이 생긴다. 3번 항목을 가장 현명하게 활용하기 위해서는 각 플랫폼 마이페이지에서 구독을 하자마자 즉시 해지를 예약한다. 대신 재구독을 독려하는 각종 광고성 메시지에 시달릴 각오를 해야 한다.

노동요

🔖 일을 미루며 꾸물거리고 싶을 때나 일이 잘 안 풀릴 때 핑계 삼기 좋은 구실.

💭 노동하는 인류의 역사와 함께하고 있는 음악의 한 분류.

구구 작업을 시작하기 전, 꽤 긴 시간을 할애해 노동요를 찾는다. 작업 무드를 조성하기 위해 애플 뮤직이나 유튜브 뮤직을 서성이며 이 곡 저 곡 재생해보곤 "아 오늘은 이 느낌이 아닌데…"라며 투덜댄다. '마감할 때 듣기 좋은 음악'을 검색하는 건 하수다. 고수는 검색창에 '벚꽃 필 때 생각나는 음악' '극적인 클래식' '기운이 나지 않을 때 듣는 음악' 등을 이리저리 바꾸어 검색하며 시간을 충분히 낭비한다. 왠지 마감 직전까지 일을 미루고 싶은 날이면, 오늘 작업에 걸맞는 노동요를 찾지 못했다는 핑계를 댄다.

노동요 분류는 점차 세분화되어 장르, 국가, 시대뿐 아니라 특정 상황(벼락치기 용, 잠 깨는 용, 벅차오르는 용)에 맞춰 제작되고 있다. 알고리즘 세계에 거주하는 작업자는 디깅과 플레이리스트 세팅이라는 번거로운 절차 없이 알고리즘의 세례를 받아 몰입의 순간으로 진입할 수 있게 되었다(고 믿는다). 노동요가 진짜 능률을 높여주는가에 관해서는 모든 작업자가 쉬쉬하는 중이다.

해인 전형적인 장면이 눈앞에 그려진다. 손차양 아래 지그시 눈웃음을 지으며 일꾼들이 주고받는 구성진 곡조,

밭 한두 뙈기의 일감만 처리하고 돌아가자는 격려의 말
이 섞인 흥겨운 멜로디. 농경 사회에서 IT 기반의 정보화
사회로 넘어오기까지 노동요의 역사 또한 계속되었다.

나는 한 음원 스트리밍 플랫폼에서 "보람도 야근 수
당도 됐으니, 빨리 집에 가고 싶을 때" "고갈된 집중력을
최대한 발휘하고 싶을 때" 들으면 좋은 음악 플레이리
스트를 제작하는 선곡자다. BPM(1분당 비트 수, Beats Per
Minute)이 높은 케이팝은 고도로 발달한 헬스장 배경 음
악과 구분되지 않고, 사회비판적인 메시지에 집중한 록
은 최소한의 집중을 위한 백색소음적 면모를 충족하지
못하는 탓에 적절하지 않다.

노동요를 들으면서 노동의 효율을 올리고 싶지만, 노
동요를 선곡하는 게 또 하나의 일이 된 사람에게는 대체
어떤 음악이 필요할까? 선곡자로서의 나는 장르나 스타
일보다는 오히려 곡 제목에 집중하는 전략을 택하기로
한다. "오늘의 목표는 칼퇴다"라는 주제로 선곡했던 플
레이리스트의 일부는 다음과 같다. 지금 이 시각에도 일
하고 있는 작업자들에게 이 노래들을 띄워 보낸다.

「니가 부르는 나의 이름」 GOT7

「넵넵」   유빈

「BOSS」　　　　　　　　　NCT U

「You can't sit with us」　선미

「일이 너무 잘 돼」　　　헤이즈

「거짓말이야」　　　　　　B1A4

「짜증 나게 만들어」　　　청하

「잘 알지도 못하면서」　림 킴(김예림)

달력

🗒 빼곡해도, 초라해도 문제인 작업자의 스케줄 정산서.

🌥 한 해를 무탈히 나고 싶은 작업자가 평균 3종을 구비하는 아이템.

구구 내향형 인간의 달력에 약속이 띄엄띄엄 적혀 있듯 업무의 간격 역시 어느 정도 벌어져 있는 게 좋다는 사실을 알더라도, 작업자가 달력의 빈칸을 허락하는 일은 쉽지 않다. 일이 없는 달력의 빈칸은 작업자에게 여느 때보다 큰 존재감을 발휘한다. 이때 작업자는 빈칸의 심연을 들여다보고 빈칸 역시 작업자의 불안한 심연을 들여다본다. 일정이 빼곡한 달력은 일정이 기입된 칸 사이에 존재하는 무수히 부차적인 업무들의 존재를 상기시키기라도 하듯 맹렬하게 작업자를 쫓아온다. 달력은 무생물이 아니라 하나의 격을 가진 존재로 탁상에서, 휴대폰에서, 노트북에서 살아간다.

해인 첫 번째로 고르는 건 제철에 맞는 일러스트가 그려진 달력. 무척 선택지가 많아서 그중 정말 가지고 싶은 것들을 고르느라 매해 4분기를 흘려보내고는 하지만, 좋아하는 일러스트레이터가 제작한 달력을 구매하는 건 동료 작업자인 그를 응원할 수 있는 절호의 기회다. 애초에 용도 자체가 기록용이 아닌 관상용이기에, 날짜 혹은 요일 같은 텍스트가 선명하게 눈에 보일 필요는 없다. 벽에 걸어두어야 하니 마스킹 테이프로는 부족하다. '아, 진짜 다

이소 가서 클립을 사와야 하는데' 하며 다이소에 다녀오
는 최후의 날을 언제까지 미룰 수 있을지 모르겠다.

두 번째는 정직하지만 투박하지는 않은 탁상용 달력.
날짜마다 주어진 빈칸의 적정 사이즈는 매해 다를 수 있
다. 무언가를 쓰고 지우길 반복하고, 그다지 길게 이어지
지도 않을 화살표로 휴가 일정부터 그려 넣는다.

세 번째는 앞으로 해야 할 모든 만남과 일감의 목록이
테트리스 바처럼 쌓이는 구글 달력. 기본적으로 11개의
색상 팔레트를 제공하지만, 일정들의 색깔을 아무리 바
꾸어봐도 기분이 좀처럼 나아지지 않는다.

대체공휴일

🗂 매일이 월요일 같은 작업자에게 몹시 이질적인 날.

🗨 대체 나는 언제 쉴 수 있는가 매번 궁금해지는 날.

구구 독립 작업자가 되었을 때, 가장 크게 달라진 건 요일 감각이었다. 휴일에는 엄두도 못 냈을 유명 카페를 평일 낮 시간에 전세 낸 것처럼 사용할 수 있었고, 피곤한 날은 알람을 꺼둔 채 늦게까지 잘 수 있었다. 시간이 온전히 내 것처럼 느껴졌고 자본주의의 옆구리를 걷어차고 있는 것 같은 은밀한 쾌감도 느꼈다.

그러나 외주가 알음알음 들어오기 시작하고, 생존을 위해 의뢰를 마다하지 않고 꾸역꾸역 하기에 이르자 평일은 직장인들이 예사 느끼는 '일하는 날'로 빠르게 돌아갔다. 작업 타임라인에서 평일과 주말의 경계는 서서히 사라져갔다. 과로를 일삼는 작업자의 달력은 월요일로 시작되고, 월요일로 진행돼서, 월요일로 마무리된다. 어쩌다 일이 없을 때면 동료 작업자들을 만나 일 없음에 대해 한탄하고, 불안감을 토로했는데 이때도 오직 일 생각뿐이었으므로 월요일과 다름없었다.

매일 생존에 쫓기는 작업자에게 일은 시간을 구성하는 지배적인 단위가 된다. 그래서 대체공휴일은 작업자에게 몹시 낯설다. 매일이 월요일인 작업자에게 대체할 만한 날은 없으니 말이다.

해인 일하기 싫을 때는 다가오는 잠재적 대체공휴일에 관하여 국회에서 어떻게 논의되고 있는지 최신 뉴스를 검색해본다. 그러다 국내에 대체공휴일이 최초로 도입된 건 1959년이고 그간 부활과 폐지를 거듭했으며, 2013년에 들어서야 5인 이상의 사업장 대상으로 관련 규정이 정식 도입되었다는 역사를 알게 된다.

가장 궁금한 건 '그래서 다음 대체공휴일에 나는 쉴 수 있는가?'인데 국가적 처분을 곱게 받아들이기 전에 희망 회로를 돌려본다.

'진짜로 대체공휴일이 제정되면 그날 뭐하지?'

그러나 어렵사리 확보된 대체공휴일의 다음 날은 정상영업일이므로 대체공휴일의 오후에는 오래전부터 가보고 싶었던 카페에 가서 괜히 리드미컬하게 예약 메일을 쓴다. 예약 발송 버튼을 누른 후 주문이 잔뜩 밀린 카페 카운터 쪽을 보았다가, 오늘 같은 날 나만 쉬는 것 같아 카페 임직원들에게 미안해질 수도 있지만 다행히도 통계가 증명한다. 공휴일이 하루 늘어날수록 작업자의 지갑은 열리고 숙박업, 음식업, 운송서비스업, 문화·오락서비스업의 경제적 효과는 커진다. 우리에게는 더 많은 대체공휴일이 필요하다.

레퍼런스 | reference

> ⬚ 한번 시작하면 헤어나기 힘든 가지 뻗기 형태의 작업.

> ⬭ 훗날의 작업에 써먹을 생각을 하는 작업자의 관점에서 바라보는 이 세상의 구성요소.

구구 리서처Researcher는 하나의 레퍼런스에서 언급된 수십의 레퍼런스로, 여기에서 파생된 또 다른 수십의 레퍼런스로 이주하는 관객이 되어 참조와 모방, 변용과 추구의 과정에 참여한다. 이때 관객은 자신의 색깔에 맞는 특정 레퍼런스를 선택, 인용하는 고도의 정치적인 행위를 한다.

과도한 탐색은 작업에 착수하는 데 걸림돌이 되기도 한다. 이는 탐색 과정에서 목격한 레퍼런스의 완성도가 자신의 것과 크게 차이가 난다는 두려움 때문이며 지극히 자연스러운 수순이다. 나 역시 탐색 과정에서 체화된 두려움으로 긴 시간 주저했다. 하지만 누구에게나 자신만의 전문성과 철학이 있고 나만이 해낼 수 있는 작업이 존재한다는 믿음으로 이를 극복해나가는 중이다. 탐색도 중요하지만 나의 것을 발행하고, 실패를 빠르게 경험하는 편이 작업자로서의 성장에 더 도움이 된다.

해인 무언가를 보고 듣고 읽는 일을 하는 내가 평소에 심심치 않게 듣는 질문은 일과 상관없이 오로지 즐거움과 쾌감을 위해 보는 콘텐츠가 있느냐는 것인데, 설마 그런 게 없겠느냐고 웃으면서 말하지만 가슴에 손을 얹고 생각하면 그런 건 없다. 언젠가의 나는 지금 이 대사를 발췌하거나, 지금 이 캐릭터가 내린 선택에 대한 나의 입장을 밝히고야 말 테다.

사람들은 말한다. 일단 보긴 보는데 본전은 건지고 싶어. 그러나 작품과 나의 관계는 무수한 시간과 비용을 투자해야만 알 수 있으며, 그중에는 잭팟도 있고 지뢰도 있다. 내 마음에 들지 않는 책이나 드라마를 끝까지 보는 경험은 중요하다. 실패하고 싶지 않은 마음 때문에 큐레이션의 힘을 빌린다고 해도, 그래서 대체 뭘 말하고 싶은 건지 알 수 없는 작품들을 만나는 아리송함을 축적하는 경험은 계속될 운명이다.

맥모닝 McMorning

아침이 있는 삶을 사는 작업자와 밤낮이 바뀐 작업자가 서로의 얼굴을 확인할 수 있는 유일한 교차로.

작업자가 하루를 여는 보장된 방식 중 하나.

구구 취침, 기상 시간을 철저하게 수호하는 작업자에게 맥모닝은 하루의 시작을 알리는 상쾌한 아침 식사지만, 밤낮이 바뀌어 이제 잘 준비를 해야 하는 작업자에게 맥모닝은 고된 마감을 마무리하는 마침표다.

최근 집 앞 맥도날드에 1인석이 늘면서 각기 다른 마감을 가진 부은 얼굴의 작업자들이 속출하기 시작했다. 매장 특성상 콘센트 사용이 자유롭지 않기 때문에 단시간에 처리 가능한 업무만을 수행할 수 있는데도, 많은 작업자들이 맥도날드로 출근한다. 가끔 맥모닝을 먹는 다른 손님에게서 "평일 이 시간에 여기 있는 사람은 뭐 하는 사람일까?"라는 말이 들려와도 아랑곳하지 않고 노트북 모니터만 쳐다보고 있는 사람들은 지친 작업자일 가능성이 높다.

해인 새벽의 고요한 길을 가로질러 매장에 들어서고, 엄청나게 길이가 긴 영수증과 함께 딸려온 잉글리시 머핀, 해시브라운, 커피를 손에 쥔 작업자는 오늘도 생산적인 일일을 보내리라 다짐한다. 테이블 위로 조간신문을 펴는 대신, 액정 너머로 갓 도착한 시사 뉴스레터를 읽는다. 몸과 마음의 양식을 두루 채운 하루의 시작이 제법 마음

① 과
정

에 든다고 해도, 인스턴트 음식에 둘러싸여 있다는 점에
서 미라클 모닝의 한 장면으로는 미진하다는 걸 인정해
야만 한다.

언젠가 불면을 심하게 겪던 나는 '맥모닝 카운트다운'
을 헤아렸다. 내일까지 해내야 하는 일을 걱정하다가 새벽
3시 반까지 잠이 오지 않아도, 아침을 주문할 수 있는 시
간까지 1시간밖에 남지 않았다는 점이 유일하게 낙관적
인 신호처럼 느껴지던 한 시절이 있었다.

메모

🗂 오늘은 영감, 내일은 쓰레기가 되는 기록 뭉치.

🫛 쌓기보다 비울 때 더 큰 쾌감을 주는 것.

구구 스마트폰 시대가 도래하면서 사람들은 손으로 쓰던 기록을 메모장 앱으로 이전했다. 시대의 흐름에 따라 디지털로 이주된 메모는 기억을 외부 장치에 의탁하는 것 외에 별다른 효용이 없어 보인다. 메모를 남기던 시점의 바람과 달리 대부분의 메모가 별다른 쓰임 없이 폐기되거나 잊히기 때문이다.

추억팔이를 즐기는 사람들에게 메모는 사진첩 다음으로 중요한 기록인데, 과거의 내가 남긴 두서없는 기록을 미래의 내가 해석해야 한다는 점에서 어느 날 찍은 꽃 사진처럼 의미 없는 글 뭉치로 남기 일쑤다. 그러나 작업자들에게 메모가 작업의 소재로 유용하게 활용된다는 점 역시 부인할 수 없다. "어느 날 우연히 발견하게 된 과거의 메모로부터 작업물이 시작되었다"는 이야기는 작업자들의 가장 오래된 클리셰다.

핵인 알아보지 못할 필체로 쓰인 대가의 육필 메모는 후대에 전시 아이템이 되지만, 평범한 작업자의 메모는 언젠가 분명 메모했었던 듯한 기분만 전해준다. 메모장에 기록함과 동시에 추후 활용처에 따라 미리미리 분류해두면 작업에 속도가 붙겠지만, 현실은 메모를 분류하다가

하세월을 보낸다.

　다른 작업에 말끔하게 이식되어 자신의 소임을 다한 메모는 삭제되지만, 우리는 실수로 중요한 메모가 '최근 삭제된 항목'에 있는 걸 몇 번이나 마주한다. 디지털 메모 서비스는 작업자의 패닉을 막기 위해 평균적으로 30일간 최종 삭제되지 않은 채 유지된다. 그렇게라도 발견된다면 다행이다.

메일

🗨️ 한가할 땐 목 빠지게 기다리다가도 조금만 바빠지면 독촉장처럼 느껴지는 애증의 소통 수단.

💬 온실가스 배출에 기여하는, 세상을 더 나빠지게 만드는 도구(과연 그럴까?).

구구 업무가 바쁠 때면 속절 없이 쌓이는 메일함에 한숨이 절로 나오지만, 아직까지 나를 찾아주는 이들이 많다는 데 감사한 마음이 들기도 한다. 메일을 잘 쓰는 게 사회가 요구하는 일잘러의 첫 번째 조건이기 때문에 작업자들은 거절 메일조차 정중하고 능력 있게 보이도록 쓴다. 훗날을 도모하기 위해서라고 해도 누구 하나 메일을 쓰는 행위 자체에 비용을 책정하지 않기 때문에, 이는 분명 가성비의 관점에서 효율이 떨어지는 일이다.

작업자들의 모임에서는 업무 관계의 누군가가 보내온 메일을 평할 때가 많다. 사소한 지점까지 예민하게 보는 작업자의 경우 메일 주소가 지메일인지, 네이버로 끝나는지에 따라 상대를 고수나 하수로 분류한다. 또 제목부터 메일 하단의 서명 형태나 본문 내 스몰 토크의 배치, 내용을 세세하게 지적하는 작업자들도 존재한다. 몇 통의 메일만으로 상대를 평가하는 일이 조금 고약하게 느껴지지만, 의사결정의 전 과정을 평가받아야 하는 작업자의 고달픔을 달래는 일이니 점심 식사를 마친 뒤 마시는 커피쯤으로 가볍게 이해하면 좋다.

① 과정

(해인) 한때 받은편지함에 있는 오래된 메일을 삭제하자는 캠페인이 유행했다. 이러한 유행 때문에, 노트북으로 일하는 작업자들은 자신이 작업을 지속하는 것만으로도 세상을 나쁘게 만드는 데 어느 정도 관여한다는 점을 인지하게 되었다.

'이메일 탄소발자국'이란 메일을 쓰거나 읽을 때 사용하는 전자기기, 데이터를 유통하는 데 사용하는 전송망, 데이터센터 등을 가동하는 데 활용되는 전기를 포함해, 메일 활동과 관련되어 직간접적으로 배출되는 온실가스 총량을 의미한다. 현재까지 공개된 자료에 따르면, 메일 한 통을 보낼 때 평균 4그램의 탄소가 배출되며 이미 읽은 메일도 받은편지함에 들어 있는 경우 데이터센터의 사용량 증가로 이어진다.

일단 메일을 보낼 때 담당자뿐 아니라 관습적인 대리님, 주임님, 선임님, 과장님 참조 걸기부터 자제하는 편이 좋아 보인다. 한편, 2022년 캐나다의 한 대학에서는 메일을 적게 보내도 지구를 구할 수는 없다는 요지의 연구 결과를 발표했다.[*]

[*] 유럽화학공학연맹 저널 「Sustainable Production and Consumption(지속가능한 생산과 소비) vol.34」 2022년 11월호

모객

⬚ 무명 작업자일수록 큰 두려움을 느끼는 작업.

☁ 강의, 프로그램, 워크숍, 작가와의 만남, 원데이 클래스까지 사람들이 모이는 시간을 위한 기초 스텝.

구구 '이슈'*라는 단어와 짝을 이루어 자주 사용된다. 모객은 커뮤니티 운영자들에게 고질적인 고민거리인데, 기발한 마케팅이 뒷받침되더라도 관리할 수 없는 여러 방해요소로 인해 해결이 쉽지 않기 때문이다. 모집 기간부터 행사 당일까지의 날씨나 국가 경제 상황과 같은 거시적인 영향까지 방해요소의 스펙트럼은 넓고 그만큼 예측하기 어렵다.

모객에 성공하기 위해 가장 효과적인 방법은 유명인을 기용하는 것이다. 다만, 유명인의 얼굴을 보고 몰려든 사람들은 그의 얼굴이 커뮤니티에서 사라지는 순간 함께 사라지기 때문에 그 한계가 명확하다.

해인 최초의 행사 공지부터 마감일까지 모객은 계속되는데, '마감 임박'이라는 알림이 수용할 수 있는 '정원 임박'을 의미하는지, 단지 내일까지만 신청자를 받는다는 차원에서의 '마감일 임박'을 뜻하는지는 모호하다.

주최 측과 진행자가 행사일까지 매일 확인하지만 더디게 바뀌는 신청자 숫자는 마치 귓가를 윙윙거리는 모

* 334쪽 「이슈」 참고

기처럼 성가시기 마련이다. 진행자 입장에서 모객은 자기 의심을 하기 딱 좋은 시간이다. 내 이야기가 궁금하지 않은가? 같은 시간에 주최 측은 이런 생각을 할지도 모른다. 저 사람 이야기를 다른 사람들도 궁금해할 거라고 믿었던 우리의 안목에 문제가 있나?

정식 공지를 올리기도 전에 조기 마감되는 행사의 진행자라면, 자기 의심을 건너뛰고 행사 준비에만 전념할 수 있다. 단, 무료 행사는 빠르게 정원이 마감되더라도 당일이 되면 노쇼(no-show)가 부지기수. 그럴 때면 내부 관계자들이 급한 대로 빈자리를 채우며 그날의 행사를 진행한다.

오늘도 어디에선가 새로운 행사는 모객을 시작하며, 또 다른 곳에서는 모객에 힘쓰던 행사가 진행을 위한 최소 인원에 미치지 못해 폐강 길을 걷는다.

몰입

🗂 수많은 유혹을 뿌리치고 고행을 거쳐 도달해야 하는 궁극의 경지.

💭 '일하는 나'를 잊고 '일'만 남기는 경지.

구구 작업자들은 일단 그 상태에 진입하고 나면 작업이 잘 풀린다는 신앙에 가까운 믿음을 공유하며 오늘도 몰입을 위한 수행에 나선다.

작업자들 사이에서 무라카미 하루키의 하루 일과는 전설처럼 전해진다. 그는 새벽 4시에 일어나 달리고, 글을 쓰고, 수영을 하며 독서와 음악 감상을 마친 뒤 밤 9시에 잠자리에 든다. 자기계발러들에게 잘 알려진 유튜버 '돌돌콩'은 하루키의 루틴을 일주일간 실천한 뒤, 그의 루틴이 매 순간 몰입할 수 있는 힘을 준다고 말해 많은 작업자들에게 깊은 감명을 주기도 했다.

도파민 넘치는 콘텐츠들이 물에 담궈둔 미역처럼 몸집을 불려 우리의 시간을 잡아먹는 현대사회에서 몰입은 성공 보증수표 같다. 이러한 사고방식은 전문가들에 의해 좀 더 본격적이고 구체적으로 부풀려진다.

몰입의 최고 권위자로 불리는 긍정심리학자 미하이 칙센트미하이는 몰입을 삶의 질을 향상시키는 기본 토대로서 제시한다. 그는 몰입을 통해 경험의 질을 통제해야 삶이 윤택해진다고 말한다. 다만 몰입은 누구나에게나 찾아오는 우연이 아니다. 그것은 뚜렷한 삶의 목적을 가지고 적극적으로 사고하는 사람에게만 주어진다. 그에 의하면 삶의 기쁨은 목적을 계발하고 몰입을 경험하

① 과정

는 자가 누릴 수 있는 혜택이다.

현대 사회의 병폐로 불리는 거의 모든 것에 중독되어 있는 나에게는 난감한 주장이 아닐 수 없다. 미하이 칙센트미하이가 말하는 몰입이 나와 너무나 먼 이야기 같아서 나는 그의 글을 읽는 동안 잠시 딴생각을 했다. '내 이름은 이효리, 거꾸로 해도 이효리' 짤을 떠올리며 '미하이 칙센트미하이도 거꾸로 해도 미하이 칙센트미하이인가 아닌가' 따위를 말이다.

몰입이 작업자의 삶을 윤택하게 만든다는 사실은 의심의 여지가 없다. 그러나 각종 소셜미디어와 콘텐츠 플랫폼이 작업자들에게 중요한 마케팅 수단으로 자리 잡은 지금, 작업자가 완전한 몰입마저 달성해야 한다면 이는 너무 가혹한 요구 같다.

(해인) 최근 새삼스럽게도 극장의 암전이 가진 미덕이 이야기되고는 한다. 이는 스크린에 비치는 나와 스크린을 보고 있는 내가 아이 컨택을 하는 일이 없어진다는 걸 뜻하는지도 모른다. 애초에 영화 관람에 최적화된 환경이 아닌 집에서는 화면 크기나 사운드의 문제보다도, 낮이고 밤이고 OTT나 유튜브를 보고 있는 나와 내가 서로 눈

이 마주치는 일이 비일비재하다. 극장에 가면 스크린은 저기에 있고 나는 여기에 있으니까 오히려 자신을 더 쉽게 잊을 수 있다. 이를 다른 말로는 '몰입'이라 부른다.

일에 관해서도 마찬가지다. 더 새로운 방식으로 풀어볼 수는 없는지, 더 완벽한 준비가 필요한 건 아닌지 등등 수많은 잡념이 사라지는 순간이 짧지만 드물게 온다. 오로지 눈앞에 있는 일만이 또렷해지는 순간이다.

미팅

예산, 기간, 방식 등 어느 하나 정해지지 않은 상황에서 가능성을 낚아채기 위해 열심히 팔을 휘둘러야 하는 작업자의 생존 핑퐁.

다종다양한 화법을 가진 이들을 마주하게 되는 장.

구구 첫 미팅은 '아이디어 스케치'로 불리는 기획 미팅인 경우가 많다. 불협화음을 내지 않는 선에서, 웃는 낯으로, 닳고 닳은 사회성을 발휘하며, 아무 이야기나 던지기 위한 목적으로 이루어진다. 많은 일이 기획 단계에서 중단되거나 사장된다. 사소한 이유로 성사되지 않는 경우가 많기 때문에(가령, 작업자가 우리와 '핏'하지 않기 때문에) 진짜 일이 시작되는 건 두 번째 미팅부터라고 볼 수 있다. 미팅은 참여했다는 사실만으로 작업자에게 '무엇을 하고 있다'라거나 '뭔가가 되어가고 있다'는 착각을 심어준다. 하지만 두 번째 미팅으로 이어지지 않는 미팅은 영원히 열매를 맺지 못할 나무 모형일 뿐이다.

해인 회의실에는 참가자들과의 친밀도를 떠나 정중한 문어체를 구사하는 사람이 있고, '굉장히'를 굉장히 많이 쓰는 사람도 있다.

"제너럴한 관점으로 보자면 우리 안의 컨센서스가 필요하고 컴플리트하지 못한 부분에 대해서는 넥스트 스텝을 기약합시다."

모든 문장마다 영어 단어를 쓰는 사람이 있었다. 그래서 뭘 하자는 건지 뾰족하게 정해진 적은 없었다. 월급

① 과 정

을 한 푼 두 푼 모아 그분을 미국으로 보내드리는 상상을
했다.

회의 참가자들이 같은 곳에서 같은 이야기를 공유했
다는 믿음은 실제로 작업을 실행할 때 보란 듯이 부서지
곤 하므로, 미팅에서 논의된 사항은 사소한 것이라도 문
서의 형태로 남기는 편이 좋다.

백팩 | backpack

⬒ 이미 망가진 작업자의 어깨와 척추를 보호해 주는 최후의 방어구.

◗ 왜 이렇게 들고 나갈 게 많은지 한탄하는 작업자를 위한 기본 아이템.

구구 백팩은 외부에서 작업할 일이 많은 보부상 작업자에게 더할 나위 없이 유용한 물건으로, 없어선 안 될 신체의 일부로 자리매김했다. 그러나 토트백과 숄더백을 주로 사용해온 여성 작업자에게 백팩은 여전히 진입 장벽이 높다. 작업자가 착실히 쌓아왔을 패션 서사에 어지간해서는 맞추기 어려운 장비인데다(많은 물건이 그러하듯) 편안함과 디자인이 반비례하는 경우가 많기 때문이다.

나 역시 빼어난 패션 철학을 가진 사람이 아님에도 선호하는 착장에 맞는 백팩을 오랜 시간 찾아 헤맸다. 하지만 그동안 몸은 착실하게 망가져갔고, 결국에는 옷에 맞는 백팩이 아닌 기능성 백팩에 어울릴 만한 옷을 착용하는 편으로 선회하게 되었다.

해인 최고 온도 34도의 한여름에 집을 나서기 전, 작업자는 이미 답이 정해진 고민을 한다. 노트북을 들고 나가서 내내 땀을 흘리는 것과 노트북을 두고 가서 혹시 모를 급한 일을 처리하지 못할까 봐 내내 초조해하는 것 중 어느 편이 더 나을까? 좋다. 노트북을 지참하기로 결정한다.

에코백은 원래 자리에 내려놓는다. 아무래도 다양한

수납공간을 가진 백팩 쪽이 더 실용적이라는 판단이 들었기 때문이다. 노트북뿐 아니라 노트북 충전기를, 블루투스 키보드를, 보조 배터리를, 그 외 온갖 선들을 수납공간 곳곳에 채워 넣은 후 이미 한껏 솟아 있는 승모근 위로 둘러멘다.

오늘따라 유난히 묵직하게 느껴지는 백팩의 무게감을 느끼다가 갑자기 지금과 전혀 상관없는 과거의 한 장면을 떠올린다. 아무것도 몰라서 무모했지만 그만큼 즐거웠던 언젠가의 유럽 배낭여행에서는 집채만 한 백팩을 메고 거리를 걸어 다니던 호리호리한 이국의 젊은이들이 있었다는 걸.

① 과정

브랜딩-리브랜딩

branding — re-branding

대중 친화적인 방식으로 브랜드 가치를 강조하기 위해 다수의 기업이 시도하는 작업.

어려운 의사결정을 내린 것 치고는 결과를 순순히 돌려주지 않는 일의 형태.

구구 리브랜딩에는 다양한 작업자들이 동원되는데, 그 중 가장 중요하다고 여겨지는 건 단연 디자이너의 역할이다. 디자인은 상업적 목적뿐 아니라 윤리적인 메시지를 포함할 수 있다는 점에서 복합적, 다원적인 예술의 한 형태이다. 하지만 애석하게도 대다수의 기업은 디자인에 메시지를 담기보다 보기에 힙하고 멋지게, 대중이 좋아하는 소구 포인트 정도로만 여기는 우를 범한다. 그 결과, 리브랜딩은 아무런 의미도 없는 문구와 그림의 나열이 반복되는 작업물로 남게 되며 안 한 것만 못한 상황에 처하기도 한다.

한 콘텐츠 큐레이션 플랫폼에서는 전쟁에 임하는 우크라이나의 방식을 리브랜딩의 좋은 사례로 소개해 뭇매를 맞기도 했는데 국가를 '브랜드'로 설정하고, '전쟁'이라는 비극적 참상을 상업적 관점으로만 바라보고 해석했기 때문이다. 모든 현상을 상업 용어로 설명하는 일은 문제의 본질을 흐린다. 그러나 브랜딩, 리브랜딩이라는 단어에 꽂혀 의미 없는 디자인을 채택하는 의사결정권자들에게는 중요한 문제가 아닌 것 같다.

① 과정

(해인) 이미 알고 있는 것들에 대해 듣는 회의, '일하는 사람'이라는 기분을 지키고 자존감을 유지하기 위해 서류 정리를 전부 다시 하는 일, 5년간 아무에게도 인용되지 않을 인문학 논문 쓰기 등등. 덴마크의 두 비평가 데니스 뇌르마르크와 아네르스 포그 옌센이 『가짜 노동』(이수영 옮김 자음과모음 2022)에서 언급한 진짜가 아닌 일의 목록은 끝이 없다. 그중에는 멀쩡한 로고 대신 새롭고 역동적인 회사 로고 제작하기처럼, 세상의 수많은 브랜드들이 앞다투어 행하는 가짜 일도 있다.

그간 고객/팔로어와의 소통이 부족하다는 피드백을 받아왔던 브랜드/작업자는 리브랜딩을 결심한 이후 주요 고객들에게 설문조사를 진행하고는 한다. '개편 준비중'이라는 명목으로 그들에게 말을 걸어볼 구실을 만들기 위함이다. 이렇게 사람들의 의견을 수렴하다 보면 브랜드/작업자는 초심을 배반하는 결정을 내리기도 한다. 모쪼록 마음을 굳게 먹어야 한다. 리브랜딩이 사랑을 받으리라는 확신은 없기 때문이다. 심지어 '옛날 버전이 더 나았는데?'라는 혹평을 받을 수도 있다.

비하인드 스토리 | behind story

🗂 작업물보다 진실에 가깝다고 여겨지는 이야기.

☁ 작업자 곁에 놓여 있는 접이식 테이블.

구구 사람들은 작업자의 비하인드 스토리에서 결과물에 도달하게 된 소스를 발견하는 한편, 작업 과정에 동참하는 듯한 기분을 느끼며 작업의 순간에 작업자가 체험했을 고통, 환희, 괴로움 등에 이입한다. 이때 이루어지는 감정 이입은 작업자와의 동화를 통해 그들의 처우 개선에 나서는 계기가 되기도 한다.

대표적인 사례로 르세라핌의 비하인드 스토리가 담긴 다큐멘터리 영상「The World Is My Oyster」가 있다. 해당 영상에는 소속사 구성원들이 르세라핌 멤버에게 피드백을 전하는 모습이 담겼는데, '살을 더 빼야 할 것 같다'며 자기관리의 중요성을 강조하는 피드백 때문에 팬들 사이에서 논란이 일었다. 피드백을 들은 한 멤버는 눈물을 보이며 식단 조절의 어려움을 호소했고, 이에 팬들은 아티스트를 향한 가혹한 처사라며 거센 비난을 쏟아부었다. 이러한 논란은 아이돌 처우 개선과 한국 사회에 팽배한 외모지상주의에 대한 재조명으로 이어졌다.

해인 본편과 나란히 비화를 펼쳐 내어 보이는 작업자가 있는가 하면, 오직 본편으로만 말하길 선호하는 작업자도 있다. 요컨대, 비하인드 스토리는 작업자의 스타일에 따라 존재 여부가 결정된다. 종종 '회고'*와 혼용해서 쓰이기도 하지만, 회고가 전지적 작업자 시점에서 일의 언어를 동원하여 쓰이는 데 반해 비하인드 스토리는 보다 소비자를 염두에 두고 적힌다. 그들이 궁금해하는 정보들을 담아서 결국 자신의 본편(작업물)에 더 관심을 가지게 만드는 게 비하인드 스토리를 푸는 이유다.

타이밍 또한 중요하다. 비하인드 스토리를 쓰기 좋은 때는 결과물을 이미 손에서 떠나보내 적당한 거리 두기가 가능하면서도, 작업 기간 동안 의미 있던 세부사항을 잊어버리지 않을 정도로 작업 공개일로부터 너무 멀어지지는 않은 시기다.

*192쪽 「회고」 참고

산책

📋 방향을 잃은 채 목적 없이 실행할 때에만 어딘가에 도착하게 되는 마법적 행위.

🌀 거리의 고양이, 나뭇가지나 물가의 새를 바라보는 시간.

구구 산책이 창조성을 기르는 좋은 습관으로 소개되면서, 작업자들은 한 줄기 빛을 발견하기 위해 걷기 시작했다. 하지만 창조성은 그것을 목표로 삼은 자들에게 얼굴을 보여주는 법이 없다. 그것은 오직 목적지를 정해두지 않은 채 자유롭게 배회하는 자들이 불시에 마주칠 에피파니epiphany*에 의해서만 발견된다.

또 산책은 '여기'에서 벗어나 여러 갈래로 뻗어 있는 '저기'로 걸어 나가며 인간, 동물, 식물이 함께하는 공동체에 적극적으로 동화되는 행위다. 종종 이 세상에 나와 작업물만이 존재한다고 생각될 때, 그래서 외로움과 막막함이 감당할 수 없을 만큼 몰려올 때 나는 산책을 한다. 눈과 귀를 연 채로 정처 없이 걷다 보면, 나 역시 이세계의 구성원이라는 사실을 새삼 의식한다. 하교하는 학생들의 웃음소리, 가격을 흥정하는 시장의 왁자지껄한 소리, 빠른 속도로 지나가는 오토바이 소리, 산책하는 강아지가 짖는 소리를 듣고 있자면 이 세계가 자기 자리를 지키는 수많은 존재들에 의해 작동한다는 사실을 감각할 수 있다.

이렇게 무수히 많은 존재들을 인식할 때, 나는 비로소

* 현현 : 평범하고 일상적인 대상 속에서 갑자기 경험하는 영원한 것에 대한 감각 혹은 통찰.

든든한 마음으로 책상 앞에 앉는다. 그들이 각자의 자리에서 할 일을 하며 세계를 작동시킬 동안 나 역시 나만의 생존이 아니라 바깥의 존재들과 연결되기 위해 할 일을 하고 있다고, 그렇게 나도 세계를 작동시키는 중요한 존재라는 사실을 상기하면서.

핵인) 거리의 고양이나 물가의 새가 쳇바퀴를 도는 나보다 팔자가 좋아 보이기도 하지만 다른 생물의 남모를 고민과 번뇌를 함부로 짐작할 수는 없는 노릇이다.

　집이나 작업실에서 가까운 공원, 천, 호수 주변을 거니는 산책의 부수적 효과는 머릿속 고민이 단순해지고 다음에 해야 할 일이 무엇인지 명료해지는 데에 있다. 그러나 스마트기기를 떼어놓고 살 수 없는 아이폰 작업자는 '건강' 앱(갤럭시 이용자의 경우 '삼성 헬스' 앱)으로 만 보를 걷기까지 앞으로 1,860보쯤 남아 있음을 확인한 후 알 수 없는 강박을 느낀다. 여기까지 걷는 건 충분하지 않다. 천의 자리나 만의 자리로 딱 떨어지는 예쁜 숫자를 기록하고 싶다. 발걸음을 수치로 확인할 수 있는 기술적 진보는 걸음수를 소소한 보상으로 전환하는 시스템을 만들었고, 덕분에 우리의 산책 풍경은 다소 기이하게 변했다. 리워드형 광고 앱 '캐시 워크'와 함께 걸으면 하루에 100원이 생기고, 금융 앱 '토스'의 만보기 기능을 켜두면 매일 140원을 벌 수 있다.

건강도 챙기고, 돈도 벌고, 다 좋다. 다만 산책은 무엇을 위해서가 아니라 무엇을 위하지 않기 위해 하는 일임을 기억하자.

생산성

모든 자기계발서의 추구미.

물 들어올 때 노를 저어야 한다는 말을 의심하지 않는 이들이 영혼을 팔아서라도 사고 싶어하는 아이템.

[구구] 휴식마저 생산성을 위한 전제 조건이 되는 시대에 작업자는 매 순간 생산성의 존재감을 무시할 수 없다. 하루 종일 침대에 누워 유튜브를 보며 낄낄대는 순간에도 생산성은 작업자를 노려본다. 생산성의 존재감은 종종 작업자를 압도하여 자책, 자괴, 반성, 후회의 루틴을 반복하게 만든다.

작업자는 더 이상 생산할 필요가 없는 순간에도 자신의 행위와 생산과의 연계성을 의식하고, 생산하는 데 도움이 되는 활동을 끝없이 상기한다. 나 역시 생산성에 대해 쓰고 있는 지금도 글쓰기를 할 때 생산성을 높여주는 맥북 앱을 검색하고 있으니 생산성은 억울하게 죽은 귀신이나 호환마마보다 집요한, 현대인의 어깨 위에 무겁게 눌러 앉은 악령과 같은 존재라고 할 수 있겠다.

[해인] 새로운 일 제안이 밀려들고, 기존에 하고 있던 일의 계약을 연장하자는 호의적인 피드백이 함께 오는 때가 있다. 중력을 가진 지구와 달리 일을 중심으로 돌아가는 세상에서 작업자들은 물때가 언제인지 전혀 모르기 때문에 모든 일을 하겠다고 수락한다. 그러면서 스스로 주문을 건다. 물 들어올 때 노를 저어야 한다고. 그러나 밀물일

땐 땀 흘려 노 젓고, 썰물일 땐 쉬거나 석양을 바라봐도 좋다고는 아무도 말하지 않는 걸 보면 무언가 잘못되어가는 중이다.

팔목의 통증 때문에 찾아간 정형외과 물리치료실에서 나는 충격파 기계가 규칙적으로 딱딱거리는 소리를 들으면서, 원통형의 팔목을 360도로 돌려가며 주사를 맞는다. 오른쪽 팔목을 저당 잡힌 채 나는 노를 내려놓지 못하고 계속 어정쩡하게 들고 있으면서 표정 관리가 하나도 되지 않는 사람의 얼굴을 떠올린다. 이래도 생산성을 챙기고 싶다고?

스크린 샷 | screen shot

🗂 과거의 내가 미래의 나를 위해 남긴 뜻 모를 유산.

☁ SNS에서 어떻게든 '좋아요'를 누르지 않고 게시물을 보기 위한 꼼수.

구구 이 글을 쓰기 위해 일주일간 찍은 스크린 샷(이하 '스샷') 수를 세어본 결과, 나는 하루 평균 약 12장의 스샷을 남겼다. 90장에 가까운 스샷을 하나하나 살피며 처음 든 생각은 '대체 이걸 왜 캡처했지'였고, 그 다음 들었던 생각은 '근데 이게 뭔 말이지'였다.

별 생각 없이 대강 캡처해놓은 스샷 목록을 보며 나는 이 정보들이 지금의 나에게도, 어쩌면 향후 몇 년간 작업을 해나갈 나에게도 도움될 일 없으리라 생각했다. 영화 「맨 인 블랙」 속 요원들이 인간의 기억을 지우기 위해 사용했던 뉴럴라이저처럼, 스샷을 위해 버튼을 누른 순간 그 정보는 기억에서 휘발되었으므로 미래의 내가 스샷을 활용하는 일은 없을 거라 확신했다. 그러나 만에 하나 기적적으로 스샷을 찾게 될 미래를 위해 오늘도 스샷 전부를 클라우드에 옮겨두었다. 다음 날 아침이면, 나는 어제의 번거로움을 모두 잊은 채 또 다시 새로운 스샷을 찍어 남길 것이다. 삭제를 하는 찰나의 순간에만 잊었던 스샷을 비로소 다시 보면서.

해인 스마트폰으로 보고 있던 페이지를 스샷으로 나의 앨범에 저장해두면, 무언가를 보고도 마치 보지 않은 것처럼 그 순간으로부터 빠져나갈 수 있다. 내가 어느 게시물에 담긴 메시지의 논조나 이미지의 조악한 미감에 동의하지 않음에도 불구하고 그저 사사로운 이유로 좋아요를 누른 게 오해를 살 것 같을 때, 구체적으로는 나의 마감을 기다리는 협업 파트너가 내가 좋아요나 누르고 있는걸 보게 만들고 싶지 않을 때 우리는 오래 생각하지 않고 스샷을 뜬다.

숨 쉬듯 SNS를 하면서도 불필요한 오해를 막기 위해 우리가 얼마나 많은 순간을 미연에 방지하고자 애쓰는지를 떠올려보면, 그 노력이 가상하다. 플랫폼 이용자가 알고리즘 형성에 기여하는 좋아요 대신 스샷을 뜨면 의도치 않게 알고리즘에 저항할 수 있다. 오늘도 민첩한 디지털 자객은 발자국을 남기지 않고도 피드에서 피드 사이로 담장을 넘나든다.

시행착오

🏳 크고 작은 어려움에 직면한 작업자가 겪어야 하는 성장통.

🫘 무언가가 5퍼센트 과한 걸 알게 됐을 때 끝까지 적당한 답을 찾기 위해 감당하는 시간.

구구 '시행착오'라는 말은 사용하는 작업자의 연차에 따라 다르게 읽힌다. 독서모임을 운영하는 작업을 이어온 지 올해로 7년 차가 된 내게 시행착오는 고백하자면 과오의 본질을 흐리는 자기합리화의 언어에 가깝다. 중대한 실수를 저지른 스스로에게 '나는 지금 미래의 성공을 위해 시행착오를 겪고 있는 중이야!'라고 외치면 사태를 어물쩡 넘어갈 수 있으니까. 미래의 성공이 도래해야만 내가 겪고 있는 문제를 실패가 아닌 공부로, 반드시 필요했던 과정으로 정의할 수 있을 텐데 아직까지 성공은 아득하기만 하고, 문제는 그저 문제로만 남아 있다.

새로운 분야 혹은 조직으로 뛰어든 작업자는 시행착오를 언제든 꺼내 쓸 수 있지만, 한 분야에서 연차가 쌓일수록 시행착오는 함부로 꺼내 쓸 수 없는 카드가 된다. 5년 이상 업력을 쌓아온 경력자가 말하는 시행착오는 무능을 입증하는 말처럼 들리기도 한다.

해인 맥도날드 창립자 레이 크록의 일대기를 다룬 영화 「파운더」에서 레이는 지역 식당을 돌아다니며 믹서기를 판매하는 평범한 영업사원으로 등장한다. 그러다 딕(D)과 맥(M) 형제가 공동 운영하는 햄버거 가게에 들른다.

① 과 정

거기서 두 사람이 감자튀김을 집어 먹으며 나누는 대화를 보면, 그곳에 손님이 끊이지 않는 이유를 알게 된다.

D "감자튀김 말이야. 5퍼센트 과하게 바삭해."

M "내 입맛에는 완벽한데."

D "(조리 시간을) 2분 50초 정도로 줄여봐야겠어."

M "그랬다가 바꾼 거잖아."

D "375도 말고 400도로 올려서, 고온에서 더 짧게."

그들은 어디서나 똑같이 만들어낼 수 있는 감자튀김보다는 오직 이곳에서만 먹을 수 있는 궁극의 감자튀김에 헌신했다. 그리고 대박 사업의 씨앗을 발견한 레이는 이를 패스트푸드 시스템으로 만들어 공격적으로 확장시켰다. 영화에서는 미국 전역으로 퍼진 맥도날드의 100호점까지 개장하는 장면이 나올 정도니까.

이즈음이 되면 앞서 딕과 맥 형제가 나누었던 대화는 더 이상 떠오르지 않는다. 바쁜 미국인들을 위해 표준화된 맛과 사이즈를 가진 햄버거가 보급되었고, 지금보다 더 맛있어지지 않아도 감자튀김은 계속해서 팔리기 때문이다. 그러나 나는 기억한다. 감자를 맛있게 튀기기 위해 타협하지 않았던 딕과 맥 형제를.

이동시간

이 시간에 작업을 했더라면 이만큼 일을 할 수 있었겠지 하고 괜히 계산기를 두드려보게 되는 기회비용.

도로 위에서, 철로 위에서 매일같이 벌어지는 작은 기적을 가능하게 하는 조건.

구구 아이폰 캘린더에는 일정의 시작과 종료 시간은 물론 이동시간도 입력할 수 있다. 총 7개의 항목으로 구성된 이동시간 단위는 '없음'부터 5분, 15분, 30분, 1시간, 1시간 30분, 2시간으로 쪼개져 있다. 언제나 1시간 30분과 2시간, 두 선택지 사이에서 고민한다.

나의 이동시간까지 포함해서 비용이 지급된다면 참 좋겠다. 이건 유난스러운 요구가 아니다. 미팅을 위해 1시간 30분을 이동한다고 가정해보자. 3시간은 최저시급 기준 29,580원을 벌 수 있는 시간이다. 출퇴근 중 발생한 사고도 산재보상이 가능하고 직장인의 외근이나 미팅도 근무로 인정해주는 이 시대에, 작업자의 이동도 근로시간으로 책정되지 않을 이유가 없다.

작업자의 비용, 시간, 에너지 모두 투입되지만 어느 누구도 작업자에게 이동시간과 비용을 고려한 적당한 거마비를 지급하지 않는다. 시장에서 거마비는 '교통비'라는 본래의 뜻을 잃고, 소정의 작업비용을 대신해 일컫는 말이 된 지 오래다. 작업비가 거마비로 둔갑된 후, 작업자들은 진짜 거마비도 못 받고, 제대로 된 작업비 또한 받지 못하는 상황에 놓였다.

(해인) 목적지로 이동하는 동안 나는 스마트폰으로 수많은 일들을 해낸다. 애초에 '서울을 감싸고 있는 계란 흰자'*에 살고 있는 나에게는 50분이 걸리든 1시간 20분 걸리든 어디라도 갈 수 있다는 믿음이 있다. 어디를 향해 가고 있든 늘 할 일이 있기 때문이다. 최종 목적지까지는 이동시간이 길수록 좋고, 환승이 없다면 더 좋다.

책상에서는 잘 풀리지 않던 것들이 이상하게도 지하철에서는 된다. 그러는 동안 나의 엄지손가락은 고도로 발달한다. 디지털 자판을 두드리는 엄지손가락의 타건감은 전혀 경쾌하지 않다. 거기서는 아무 소리도 들리지 않는다. 유튜브 채널 〈걍밍경〉을 운영하는 뮤지션 및 사업가 강민경은 도로 위에서 나보다 더 많은 손가락을 사용한다. 그는 지방 행사차 전국 곳곳으로 이동하는 밴 안에서 유튜브에 업로드할 영상을 편집하고, 이동하는 동안 차에서 먹은 음식의 리액션 영상들을 모아서 '차밥열끼'라는 이름의 인기 시리즈 콘텐츠를 만들었다. 이동시간은 그에게 일을 하는 시간일 뿐 아니라 새로운 일의 원천이 된다.

*JTBC 드라마 「나의 해방일지」(2022)

인풋-아웃풋

🗂 현대인이 일과 노동을 구분하는 기준 중 하나.

🫧 정보를 소화하고 바깥으로 내어 놓는 문제보다도 어쩌면 일하는 사람들끼리 맺고 있는 관계에서 더 중요하게 작용하는 원리.

구구 세계적인 철학자 한나 아렌트가 삶을 꾸려나가기 위한 활동으로서의 '노동'과 세계를 창조하는 활동으로서의 '일'을 구분한 것처럼, 사람들은 인풋이 아웃풋으로 이어지는 창조적 작업, 단절적이지 않고 계속적인 흐름 가운데 놓여 있는 작업을 '일'이라 부른다.

작업자가 된 후 얼마간 생활비를 위해 쇼핑몰의 상품 분류 및 포장 작업에 뛰어들었던 나는, 이 일이 갖는 인풋과 아웃풋 간의 괴리 때문에 무척 예민한 나날을 보냈다. 매일 아침 신문과 책을 읽었지만, 그 후 내가 했던 일은 아침에 밀어 넣은 인풋과는 전혀 무관한 단순 반복 작업이었다. 당시 내가 했던 유일한 인풋-아웃풋 작업은 먹고 싸는 일뿐이었고, 나는 내가 무가치한 작업만을 반복하고 있다는 생각에 크게 좌절했다. 그러다가도 이 좌절감이 육체 노동을 가치 없는 일로 폄하하는 태도 같아 부끄럽기도 했다.

생각해보면 잘 다니던 조직을 퇴사하기로 결심한 순간도 타성에 젖어 관성적으로 일을 처리하고 있는 나 자신을 발견한 직후였다. 조직에 있는 동안 내가 쌓아 올린 무수히 많은 인풋이 내면에서 소실될까 봐 전전긍긍했다. 그래서 모임을 만들고, 돈이 되지 않는 일을 기획하며 끊임없이 한눈을 팔았다. 그것은 인풋을 일로 만들어

야만 만족하는 나의 고집 때문이거나, 인풋이 반드시 아
웃풋으로 이어져야 한다는 강박적인 계산으로 내린 결
론이었을 수도 있다. 중요한 것은 내게 입력된 무수히 많
은 정보와 경험은 그것을 잃었다고 생각한 순간에도 여
전히 내면에 남아 있었다는 점이다.

당장의 아웃풋이 나오지 않으면 어떠한가. 어쩌면 우
리의 존재가 아웃풋 그 자체일지도 모르는데.

(해인) 연애 리얼리티 프로그램 「나는 SOLO」 16기를 보는
데, 한 여자가 상대 남자를 향해 "출력은 좋네"라는 혼잣
말을 했다. 이곳이 된장국수가 맛있기로 소문난 고깃집
이라는 여자의 말을 들은 남자는 젓가락을 내려놓고 바
로 몸을 움직인다. 잠시 후, 국수 두 그릇을 시켰다가 고기
도 먹어야 하는데 국수까지 어떻게 각자 다 먹겠느냐는
여자의 말을 듣고 한 그릇으로 주문을 정정한다. 어떤 입
력이 있을 때에만 곧이곧대로 다음 행동을 출력하는 남
자를 보며, 여자는 그가 융통성이 부족하다는 생각을 했
는지도 모른다. 그래도 웃는다. 출력은 좋네. 그들은 서로
호감을 느끼는 중이었기 때문이다.

일을 하자고 만났다면 이건 다른 문제가 된다. 스스로

지금 무엇이 필요한지 고민하지 않고 남의 요청이 있어야만 그제야 움직이는 사람, 즉 시키는 일만 하는 사람은 상대로부터 빈축을 산다.

재테크

🗂 현재의 고난을 극복하거나 노후에 예기된 문제들을 대비할 도움닫기처럼 여겨지는 자본주의의 신기루.

💭 알파벳 26자 중에서 J와 사랑에 빠지게 되는 계기.

구구 스스로를 먹여 살려야 하는 작업자라면 한 번쯤 나도 해볼까 고민했을 것이다. 팬데믹 이후 재테크는 일확천금이 가능한 복권처럼 그 중요성이 나날이 강조되었다. 그 사이 "다들 쉽게 돈을 벌고 있어. 우리만 빼고"*라는 정신이 일종의 시대감각이 되었다. 이에 숫자와 거리가 멀었던 작업자들도 카카오나 삼성전자 같은 주식 종목을 적은 금액이나마 매수했고, 부동산 투자로 누가 아파트를 샀다더라 하면 괜히 포털 사이트에서 부동산 시세를 살피는 등의 행동을 보였다.

　돈에 대한 불안이 작업자의 영혼을 잠식할 바에야 재테크에 뛰어드는 것이 나을지도 모르겠다. 하지만 재테크는 상당한 추가 노동을 요하는 고달픈 잔업에 가깝다. 홀로 작업하며 때때로 고립되는 프리랜서의 경우, 정보의 불균형을 극복하기 위해 더 많은 공부와 검색활동이 필요하다. 이것은 작업 외 또 다른 노동의 수행으로 이어진다. (적금을 제외한) 재테크는 투입된 노동력에 상응하는 성과를 낼 수 있을까? 그것은 신기루처럼, 오직 그것을 획득한 사람들에게만 뚜렷한 형체를 보일 뿐이다.

* 강석희 「길을 건너려면」 『우리는 우리의 최선을』 창비교육 2021, 39쪽

해인 이 책을 쓰는 동안 내 안의 관성을 거스르며 태어나 처음 해본 일이 두 가지 있다. 하나는 '틀어놓기 좋은 영상'*을 틀어본 것이고, 다른 하나는 '주식'을 해본 것이다. 주식 공부를 자족할 만큼 한 이후에 하겠다고 주식 입문을 한없이 미루어왔던 나는 한 탕의 대박은 아닐지라도 소소한 즐거움을 맛보았다. 그리고 기분이 '떡락(주가의 폭락)'한다는 게 어떤 상태인지도 알게 됐다.

비슷한 시기에 브이로그 제작을 위한 스마트폰 촬영용 거치대를 구매했는데 얼마 지나지 않아 이 거치대는 일을 하는 동안 언제든지 주식 차트를 확인하기 쉬운 높이와 기울기로 자리 잡았다. 이미 작업에 사용 중인 듀얼 스크린 곁에 하나의 자그마한 주식 차트 확인용 스크린이 더해져, 도합 세 대의 스크린이 뿜어내는 전자파를 맞았다. 급기야 키보드에 무심하게 펼쳐진 영문 알파벳 중 우상향 그래프를 상징하는 'J'가 가장 아름답게 보일 때면, "내가 기다려왔던 것은 다른 게 아니라 바로 이런 모양, 이런 곡선이었다는 진실"**을 인정해야만 했다.

---

* 348쪽 「틀어놓기 좋은 영상」 참고.
** 장류진 『달까지 가자』 창비 2021, 95쪽

집중력

현대인 대다수가 도둑맞았다고 믿는 '있었는데 없는' 능력.

빨리 감기나 요약 버전이 아닌, 원본을 감상하는 사람들에게서만 찾을 수 있는 힘.

구구 SNS가 집중력 하락의 주요 원인이라고 지적하며 휴대폰 사용을 줄일 것을 권장하는 이들은 대체로 SNS를 생계를 위한 주요 수단으로 활용하지 않는 사람들이다. 그들은 사회경제적인 자본을 어느 정도 갖고 있기 때문에 SNS가 아니더라도 의미 있는 인맥을 형성할 수 있으며 다양한 의뢰와 제안에 손쉽게 파묻힐 수 있다.

하지만 물적, 심적 자원 없이 맨땅에서 시작하는 작업자에게는 어쩌면 집중력보다 SNS가 더 중요한 동아줄이 될 수 있다. 시의성 있는 작업물을 만들기 위해 유행과 흐름에 예민해야 한다는 명령과 '셀프 브랜딩'이라는, 자본주의가 하달한 위대한 과제를 수행해야 하는 작업자가 단지 집중력을 위해 이를 거스르는 건 쉽지 않다.

핵인 일본 TBS 드라마 「이시코와 하네오 ─그런 일로 고소합니까?─」에는 10분 분량의 영화 요약 영상을 업로드하는 유튜버가 제작사로부터 고소당하는 에피소드가 있다. 유튜버는 자신이 엄청나게 팬인 감독님의 명작을 요약해드리겠다는 기세로 활동을 이어가고, 구독자들은 "덕분에 영화는 안 봐도 되겠어요. 감사합니다"라고 댓글을 단다.

드라마 바깥의 일본 사회에서는 요약 영상을 '패스트 무비'로 칭하면서 이를 엄연한 사회적 문제로 여긴다. 한 기사는 2020년 한 해 동안 패스트 무비 때문에 극장 관람 수요가 줄어서 발생한 피해액이 약 950억 엔(한화 기준 8,400억 원)에 달할 것으로 추산한다. 법정물의 외피를 쓴 이 에피소드의 엔딩은 내가 미처 예상치 못한 방식으로 흘러가는데, 그 일이 누구에게 어떤 식으로 상처를 남기는지를 잘 보여준다. 패스트 무비를 보는 게 대세처럼 느껴져도 꿋꿋이 극장으로 향하는 나는 내가 가진 집중력의 우물 밑바닥에 물이 얼마나 많이 남았는지를 종종 들여다보고는 한다.

체력

☐ 갚아도 갚아도 100퍼센트 상환이 어려운 마이 너스 통장.

☐ 관리해야 한다고 열 번 다짐하고 한 번 실행하 는 대표적인 일.

구구 침대에서 빠져나오는 것만으로 체력을 소모하게 된 30대는 매일을 마이너스 상태에서 시작하는 감각을 느낀다. 쉬는 시간만 되면 매점부터 교실까지 먼 거리를 쉬지 않고 달리고, 새벽 늦게까지 만화책을 봐도 지치지 않던 10대의 나에게는 체력이 없어 하고 싶은 일을 하지 못한다는 건 있을 수 없는 일이었다. 그러나 나는 서서히 이펙트 공격을 맞아 휘청거리는 철권 게임 속 캐릭터처럼 지친 몸과 마음을 다독이며 살아가야 하는 잔뜩 시든 어른이 되었다. 그때나 지금이나 게임기에 같은 금액의 동전을 넣는데, 왜 점점 게임이 일찍 끝나버리는 기분이 드는 걸까.

해인 2023년 6월부터 '만 나이 통일법'이 시행되면서 우리는 자신의 실시간 나이를 정확히 대답할 수 없게 되었다. 내가 올해 서른여섯인가? 아니, 일곱인가? 그렇다고 해서 새로운 법이 건강검진을 미루기 위한 핑계가 되는 건 아니다. 자기 출생 연도가 홀수인지 짝수인지만 알면 되니까.

"아무리 바빠도 건강 챙기면서 일하세요"라는 말을 주기도 하고 돌려받기도 하는 작업자 중에는 병원을 지극

①
과
정

히 두려워하는 사람이 많다. 건강을 챙긴다는 건, 아직 아무 일도 일어나지 않은 나를 중심으로 벌어지는 나쁜 상상을 줄이며 병원이 있는 방향으로 실제로 걸음을 움직여야 한다는 걸 뜻한다. '가야 하는데'나 '가긴 갈 건데'가 아니라 진짜로 갔다 와야 한다.

건강검진을 하고, 운동을 하는 것만큼이나 나쁜 자세로 오래 일을 하지 않기 또한 중요하다. 실리콘 밸리의 테크 업계 종사자들을 위해 일하는 한 마사지 치료사는 사람을 '경직된 몸'의 단위로 감각한다. "어디가 근육이고 어디가 척추뼈인지도 모를 정도예요. 모든 부분이 똑같이 긴장되어 있어 마치 같은 부분인 것처럼 느껴지죠."* 오래 앉아서 일하는 사람이라면 뜨끔할 대목이다.

* 벤 타노프, 모이라 와이글 『실리콘 밸리의 목소리』 이시현 옮김 반원 2022, 161쪽

초안

🔖 완성도와 관련한 좋은 핑곗거리.

💬 남에게 보여주기 싫은 것이기만 하면 무방할 테지만 스스로에게도 보여주기 싫은 대상.

구구 작업자는 '초안'이라는 단어를 붙임으로써 해당 작업물이 현 단계에서 완성되지 않은 작업이라고 정당화하며 안도감을 얻는다.

일반적으로 초안은 무한한 잠재력을 가진 원고를 뜻하며 클라이언트는 초안을 토대로 다양한 의견을 제시한다. 작업자는 클라이언트의 의견을 반영하는 과정에서 사실 초안이 자신이 할 수 있는 최대치였다는 사실을 깨닫기도 한다.

해인 내 손에서 만들어지는 무언가의 최초 독자는 나 자신이지만, 동시에 나는 적어도 이보다는 완성도 있는 초안을 기대하고 있었던 엄격한 감독관이기 때문에 불화가 시작된다. 최종본까지 가는 과정 또한 지난하지만, 이는 초안을 세상에 꺼내놓는 일 자체가 불가능하게 느껴지는 순간에 견뎌야 할 압박에는 채 미치지 못한다. 지금 우리에게 필요한 것은 결국 폐기될 줄 알면서도 초안을 세상에 꺼내놓는 용기뿐이다.

과거의 나에게 이런 말을 해주고 싶다. 믿을 만한 친구와 전문가의 도움을 새겨듣기 위해서 그럴듯한 초안을 준비하느라 혼자 너무 많이 노력하지 말라고.

출퇴근

🗂 자유에서 부자유로 진입하는 자발적인 결단으로 일상을 균형 있게 유지하려는 작업자의 노력.

☁ 나인 투 식스(9 to 6)가 전부가 아닌, 작업자의 초월적 타임라인.

구구 나보다 먼저 독립 작업자가 된 동생은 내게 출퇴근 시간을 정해놓고 일해야 일과 삶을 분리할 수 있다고 조언했다. 조직을 벗어나면서 기껏 얻은 자유를 포기해야 한다는 사실을 받아들이기 힘들었던 나는 그 말에 코웃음을 쳤는데, 지금 와 돌이켜보면 막 프리랜서가 된 사람에게 그만한 조언이 없었다는 생각이 든다. 작업자에게 '일'이라는 스위치를 내리는 건 웬만한 의지와 노력으로는 쉽지 않다. 밀려드는 불안과 불현듯 떠오르는 아이디어, 작업 진행 상황을 되새기는 습관은 일상을 쉼 없이 돌아가는 컨베이어 벨트로 만든다. 그래서 작업자에게는 일 생각을 중단하기 위한 계획적이고 규칙적인 정전이 필요한데, 이때 효과적인 방식이 나만의 작업 공간에 출퇴근 제도를 도입하는 일이다.

해인 직장으로 출퇴근하는 사람이 변덕스럽고 궂은 날씨에도 대중교통으로 이동해야 하는 수고로움이나 오피스 밀집 지역의 주차난을 겪는 반면, 정규 업무시간이 정해지지 않은 작업자의 출퇴근은 시공간을 초월해 존재한다. 포슬포슬한 이불에 누워 메일을 보는 것부터 출근이고, 투 두 리스트에서 밀려난 잔업의 꼬투리를 마주하는 게 곧 퇴근이다. 때로는 찜찜한 구석을 외면하지 못해 저녁을 먹은 후에도 일을 계속한다.

어느덧 새벽 2시 43분쯤 잠시 머리를 식히기 위해 접속한 페이지에서 "정기 작업으로 인해 시스템 사용이 불가합니다"라는 팝업 메시지를 마주한다. 그 야심한 밤에 누군가도 나처럼 퇴근하지 못했다는 신호다. 온라인 서비스 및 플랫폼이 이용자들의 접속량이 가장 적은 시간대라는 이유로 자정에서 새벽 6시 사이에 자사 서버를 정기 점검하는 관행에 대해, 프리랜서 개발자 조경숙은 이제 다른 방식의 고려가 필요하다고 말한다. "아침에 일어났을 때 세상이 멀쩡하다면, 자는 동안 우린 그만큼 다른 이의 노동에 빚진 것이다"*는 사실을 매일같이 실감하기가 어렵다고 해도 말이다.

* 조경숙 『액세스가 거부되었습니다』 휴머니스트 2023, 159쪽

카페인

🗗 작업의 원천이자 작업자의 믿을 구석.

🖇 쉽게 얻을 수 있어서 작업자에게는 의심의 여지 없이 당연하게 느껴지지만, 때로 삶 전반을 돌아보게 만드는 물질.

구구 『고리오 영감』을 쓴 작가 오노레 드 발자크는 매일 12시간씩 집필을 하며 강도 높은 작업을 이어갔는데, 이 때 마신 커피가 하루 평균 50잔에 달했다고 전해진다. 그는 작업이 풀리지 않을 때마다 커피를 마셨고, 결국 과로와 카페인 중독으로 인한 부작용으로 생을 마감했다. 2세기 전 살다 간 작업자 발자크의 일화를 들은 작업자들은 더 이상 '한국인의 혈관에는 커피가 흐른다'는 둥의 우스갯소리를 하지 못한다. 한국인 중에서도 가장 많은 커피를 섭취하는 사람들이 바로 작업자들일 테니 말이다.

작업자들에게 커피는 한낮의 여유를 즐기며 곁들이는 음료가 아닌 매일의 생계를 지탱하는 일종의 포션(판타지 속 회복 아이템)이자, 발자크처럼 일이 잘 풀리지 않을 때 습관처럼 찾는 각성제다.

뇌과학 서적을 비롯한 많은 연구 자료들이 카페인이 뇌에 미치는 부정적인 영향을 설명하지만, 작업자들은 애써 카페인의 효능만을 강조하며, 마치 커피가 무엇이든 할 수 있는 능력을 배양해주기라도 하는 양 그에 의존한다. 이미 두 잔의 커피를 마신 내가 발자크의 카페인 중독을 바라보며 썩 유쾌하지 않은 기분으로 세 번째 커피를 내리고 있는 것처럼 말이다.

해인 4,500만 원을 주고 전라북도 김제에 있는 폐가를 구매한 유튜브 〈오느른〉 주인장. 그는 버킷리스트로만 남아 있을 도시인의 로망을 지금 시골에서 대리 실현시키고자 서울 전셋집을 팔고, 김제의 드림하우스를 만드는 데에 가진 돈과 시간을 쓰기 시작한다. 〈오느른〉을 운영한 MBC 최별 PD는 3년 전 폐가를 마주했던 때를 이렇게 돌아본다.

"그 낡은 집에 앉아 있는 걸 제가 되게 좋아했거든요. 그때 어쨌든 지금만큼 정신상태가 건강하던 때가 아니니까 그 낡은 집을 보면서 약간 나를 고치는 그런 기분? 그리고 그 낡은 집을 제가 포기하지 않고 계속 건들잖아요. 나를 고치는 것과 동일화가 되었던 것 같아요."*

그가 처음으로 초대한 외부인은 집 고치기 회의를 위해 서울에서 온 인상 좋은 설계사로, 〈오느른〉 주인장은 손님을 위해 마당에서 정성스럽게 핸드드립 커피를 내어준다. 그들이 나누어 마시는 건 그저 관성적으로 사 먹는 아이스 아메리카노, 또는 탕비실에 무질서하게 널브러져 있는 믹스커피와는 차원이 다른 커피다. 단지 카페

---

* 「누가 빚도 자산이라 그랬나… 그래도 후회는 없어 | 채무자 별피디의 근황 토크 1탄」 (〈오느른〉 2023. 12. 1.)

인이 간절하다는 이유만으로 커피를 마셔왔을지 모를
그는 이제 정성을 다해 마실 것을, 살 곳을, 주변 사람을
대하는 사람이 된다.

콘텐츠

구구 벤야민은 이야기꾼의 원조로 일꾼을 꼽는다. 여러 장소를 떠돌며 일해야 하는 사람(상인, 뱃사공 등)이 먼 곳의 이야기와 자신의 경험을 전달하기 시작한 게 '이야기'의 시초라는 것이다. 여기에서 핵심은 '경험을 나누는 것'인데, 벤야민은 현대인이 "경험을 나눌 줄 아는 능력"*을 잃었다고 지적한다. 벤야민의 관점에서 보자면, 오늘날 콘텐츠를 만드는 현대적 일꾼, 즉 작업자들은 이야기꾼일까?

벤야민이 경험의 가치가 떨어진 현대의 '이야기(꾼)의 부재'를 언급하며, "10년 뒤 전쟁소설들의 홍수 속에서 쏟아져 나온 것은 입에서 귀로 흘러가는 경험과는 전혀 다른 것이었다"**고 분석한 것처럼, 일부 작업자들이 만드는 이야기들은 현실의 그것과는 너무도 다르기 때문에 앞선 질문에 쉬이 '그렇다'고 답하긴 어려울 것 같다. 일부 작업자는 콘텐츠 제작의 윤리성을 고려하지 않은 채 걸핏하면 '아 이 사람 이야기, 영화(혹은 드라마, 웹툰, 소설)로 만들면 진짜 재밌겠다'고 생각하며 타인의 경험을 빼앗아온다. 또, 현실의 고통에는 눈을 감고 그럴듯한 이야기만을 꾸며 내며 '아직 세상은 살 만하다' 포장하기

* 발터 벤야민 『서사·기억·비평의 자리』 최성만 옮김 길 2012, 417쪽
** 같은 책, 417쪽

①
과
정

도 한다. 이러한 경향은 '모든 것이 콘텐츠가 되는 세상'
을 만들었지만, 그 자리에서 이야기는 사라졌고 오직 '콘
텐츠'라 불리는 껍데기만이 남았다.

해인 한 알의 도토리도 떨어뜨릴 수 없다고 생각하며 살
았던 적이 있다. 도토리인 줄 알고 열심히 무언가를 주웠
는데 그건 모래알이었다. 세상에는 사막이 얼마나 많고,
또 거기에 모래알은 얼마나 많은지. 세는 걸 포기해야 했
다. 모아둔 것의 정체를 그만 헤아려보아야 했다. 분명 곳
간에 넣어둔 건 도토리였으며 그걸로 긴 겨울을 나려고
했는데 어느 순간 돌아보니 모래알이었다. 먹을 엄두가
나지 않는다.

큐레이션　curation

어지럽게 흩어져 있는 정보들을 모아 정제된 콘텐츠로 만든 결과물.

21세기 이후 꾸준히 수요가 있는 일감이자, 작업자들 주변에서 어정쩡하게 유지되는 틀.

[구구] 정보를 취합하고 분류하는 데서 그치지 않고 이를 효과적으로 조합하여 새로운 의미를 창출하는 작업이지만, 공통 키워드 위주로 엉성하게 엮인 콘텐츠를 '큐레이션'으로 칭하는 구독 서비스들이 대거 등장하면서 본래의 의미를 퇴색시키고 있다. 또 큐레이터들이 리서치 과정에서 (무)의식적으로 다른 큐레이션을 참조, 모방하면서 그 나물에 그 밥인 큐레이션이 늘어나는 추세다. 예컨대 도서 큐레이션의 경우, 잘 알려진 작가의 잘 알려진 책을 추천하는 경우가 비일비재하며 제목에 해당 키워드가 포함되어 있다는 어설픈 이유로 큐레이션 서가에 꽂았다가 독자에게 큐레이터의 자질을 의심당한 사례도 있다.

[핵인] 이 단어를 가장 많이 발견할 수 있는 곳은 복합문화공간 또는 공유 오피스에 마련된 서가다. 큐레이터가 때맞춰 고른 몇 권의 책이 비치된 구역은 영감과 감각을 찾는 사람들을 위해 '큐레이션 존'이라 불리운다. 시간의 흐름에 따라 채우고 비우고 또 채우는 일들의 연속체로서 큐레이션이 이루어진다. 때로 그 구역을 지나치는 사람은 큐레이터의 감각을 신뢰한다. 큐레이션 존에 놓인 도

서 중 내가 이미 알고 있던 것들과 처음 보는 것들의 비율
이 7:3일 경우가 그렇다. 눈에 익은 제목들만 한데 모여
있을 때는 그걸 큐레이션이라 부르기 어렵다. 또한 '큐레
이션을 위한 큐레이션'을 마주하면 속이 갑갑해진다. 큐
레이션을 하지 않는 브랜드와 서비스는 도태된다는 걸
의미하는 경향 속에서 무의미한 큐레이션이 양산된다.

펀딩 | funding

🗂 참여를 통해 동료 작업자에게 전하는 구체적인 동료애.

🗨 목표 자금을 조달하기까지 창작자와 후원자가 2인 3각으로 임하는 레이스.

구구 후원 진행 중인 프로젝트를 포함해서 내가 지금까지 후원한 프로젝트는 총 163개다. 프로젝트당 후원 금액을 약 2만 원으로 잡는다면, 지금까지 적어도 300만 원 정도를 투자한 셈이다.

종종 내가 응원하는 작업자들의 펀딩 후기가 올라오는 걸 보면, 동종업계 작업자들이 밀어주는 경우가 많다. 돈이 업계 내에서만 돌고 도는 모습은 얼핏 공회전처럼 보일 수 있지만 서로가 서로의 고정 후원층이 되어 응원과 격려를 보내는 관행은 합리적 인간으로 분한 채 계산기를 두드리는 일과는 거리가 멀다. 펀딩의 결과물이 때로 완성도를 보장할 수 없는 일이라 지탄받는다고 해도 후원을 멈출 수 없는 이유는, 그것만이 다른 작업자들에게 보낼 수 있는 가장 직접적인 응원이라는 사실을 잘 알기 때문이다.

해인 미국 대학의 철학과 조교수로 재직 중인 저스틴 토시, 브랜던 웜키는 『그랜드스탠딩』(김미덕 옮김 오월의봄 2022)에서 기부자가 자신의 기부 사실을 SNS에 올리는 데에 두 가지 동기가 있다고 말한다. 하나는 더 많은 기부를 유도하기 위해서. 또 다른 하나는 다른 사람들에게 자

①
과
정

신의 가치관을 입증하기 위해서다. 선한 취지를 가진 곳에 돈을 쓰는 건 더 나은 세상을 만드는 방법이지만, 어쩔 수 없이 돈을 쓴 사람의 자기 과시와 붙어 있음을 암시한다.

기부의 자리에 펀딩을 놓아도 자연스럽다. 즉, 펀딩은 후원자가 '내 지갑을 여는 것'에서 끝나지 않고 '내 지갑을 열었다는 사실을 널리 알리는 것'으로 완성된다. 홍보 창구로서의 영향력이 약한 창작자는 펀딩을 결심한 이들의 입소문에 의지한다. 후원자가 금전적으로, 동시에 정서적으로 창작자를 지지하는 순간부터 창작자의 직업 윤리는 곧장 시험대에 오른다. 펀딩을 진행하는 작업자는 자신이 불특정 다수에게 충분히 신뢰받을 만한 사람임을 증명해야 하는 것이다. 작업 진행 과정을 투명하게 공유하면서, 후원자의 성원에 보답하기 위한 추가 리워드를 준비하면서. 이는, 창작자가 오로지 자기만족으로 무언가를 세상에 내놓는 일과는 차원이 다르다.

오늘날 크라우드 펀딩 플랫폼 사이트는 작업자를 위한 종합쇼핑몰 역할까지 다하고 있다. 그곳에는 손목 건강을 위한 테이핑 보호대, 거북목 방지를 위한 데스크 아이템, 편안한 수면을 위한 경추 베개, 일정 관리와 기록을 위한 생산성 도구의 템플릿처럼 사소한 문제를 해결

해줄 수 있는 각종 물건들이 당신의 후원을 기다리는 중
이다. 그런가 하면 '크라우드 펀딩 플랫폼에서 누적 1억을
달성한 사람의 경험담을 담은 전자책' 상세페이지를
훑어보며 펀딩은 영원히 계속될 것만 같다는 예감을 한
다.

1인분을 해내는 작업자가 될 수 있을까

수능을 보기 전 대학 입학을 확정 지은 나는 먼저 합격한
또 다른 친구와 함께 고깃집 아르바이트를 시작했다. 내
생애 최초의 노동이었다. 당시 우리 가족의 형편은 꾸준히
나빠지고 있었다. 수시합격에 기뻐하던 것도 잠시, 입학금
이야기에 어두워지는 부모님의 낯빛을 보며 생활비만큼은
내가 버는 편이 좋겠다고 생각했다.

　일을 어디에서 구해야 하는지 막막하던 차에 한 친구가
'수시클럽'이라 불리는 친구 그룹을 소개해줬다. 팬시점,
카페 등에서 이미 아르바이트를 하고 있던 수시클럽
멤버들은 나보다 훨씬 어른 같은 얼굴을 하고 있었다.
친구들은 내게 빙수를 사주며 아르바이트를 하면 이
정도쯤은 턱턱 살 수 있다고 말했다. 나는 다 녹아버린
빙수를 휘저으며 부러운 눈빛으로 친구들을 쳐다봤다. 그중
가장 어른의 얼굴을 한 친구가 일은 어렵지만 손님들이
팁을 줘서 꽤 쏠쏠하다는 고깃집 아르바이트를 추천했다.

고기를 굽는 일이라면 나도 할 수 있을 것 같았다.

　친구가 사장에게 전화를 걸자 면접이랄 것도 없이 그날 저녁부터 출근하면 된다는 답이 돌아왔다. 사장은 내게 시간당 3,000원의 급여를 받게 될 것이며 급할 땐 일하는 날이 아니더라도 출근을 해야 하고 그런 날은 1시간 시급을 추가로 주겠다고 말했다. 사장님의 말은 들리지 않았고, 그저 내가 '1인분'을 하는 어른이 되었다는 사실이 기뻤다.

　고깃집 일은 듣던 대로 쉽지 않았다. 아르바이트를 하면서 처음으로 다리에 부종이란 게 생길 수 있단 걸 알았고, 숯가루에서 뿜어져 나오는 매캐한 연기 때문에 큼큼거리는 습관이 생겼다. 원인을 알 수 없는 두드러기 때문에 얼굴이 벌건 채 근무하는 날도 있었다. 그래도 첫 아르바이트였던데다 손님들에게 받는 팁이 꽤 쏠쏠해서 그럭저럭 버텼다. 그러다 사장 몰래 팁을 받았다는 이유로 내일부터 나오지 말라는 해고 통보를 받았다. 아르바이트를 시작한 지 2주째 되던 날이었다. 내 생애 첫 해고였다. 덕분에 열심히 일해도 관리자의 입맛에 따라 납득 불가능한 사유로 잘릴 수 있다는 사실을 알았다. 급여봉투에는 내가 받은 팁을 제외한 금액만이 담겨 있었다.

　대학교에 입학한 이후에는 과외 매칭 사이트를 통해

과외를 구했다. 과열된 과외 시장의 매칭 경쟁은 치열했다. 매칭 사이트는 첫 달 과외비의 80퍼센트를 떼어가는 조건으로 과외를 알선했다. 나는 꽤 많은 학생을 맡았지만 그리 오래 일하진 못했다. 보호자들이 매칭 사이트가 과외 선생을 관리해주는 첫 달만 맛보기식 수업을 받고 두 번째 달에는 또 다른 선생에게 과외를 받는 식으로 과외 쇼핑을 했기 때문이다. 그 덕에 시스템에 문제가 있으면 개인이 아무리 열심히 하더라도 피해를 받을 수밖에 없다는 걸 알았다. 먼 지역까지 오가며 과외를 다닌 내 손에 쥐어진 금액은 내가 받았어야 할 금액의 20퍼센트뿐이었다.

이후 국가고시생이 된 나는 여러 아르바이트를 전전했다. 찜질방과 학원 카운터, 프랜차이즈 카페, 지하철 역사 내 문구점, 대형 극장, SPA 브랜드 매장 등에서 일했고 텃세와 일머리 없음, 부당한 대우 등을 이유로 자의 반 타의 반 일을 그만두었다. 짧은 아르바이트 경험들은 누적되는 법 없이 시간과 에너지만 잡아먹었다. 아르바이트를 하면 할수록 전문성을 가진 직업인으로서의 지위가 간절해졌고, 당장의 생활비 때문에 파트타임 일을 그만둘 수 없는 처지가 괴로웠다. 대학 동기들은 하루에 몇 개씩 아르바이트를 뛰는 내게 그 시간에 공부에 집중하는 편이

낫지 않느냐는 걱정 섞인 조언을 했지만, 생활비 걱정 없이
공부에만 집중할 수 있는 배경을 가진 아이들의 말은 내
귀에 들어오지 않았다. 당연하게도 나는 친구들에 비해
뒤처졌고, 동기와 선배들 사이에서 합격 소식이 슬슬
들려오는 동안에도 아르바이트생으로 머물렀다.

그즈음 매일같이 무언가에 쫓기는 꿈을 꿨다. 이러다 '진짜
1인분'을 해내지 못한 채로 0.5인분… 아니 0.2인분 인생을
살게 될까 두려웠다. 뉴스에서는 중장년 프리터족*이
늘고 있다는 보도가 흘러나왔다. 나는 아르바이트에서
벗어나지 못한 채 빈곤하게 살아가는 미래를 상상하며,
두려움에 떨었다. 공백기를 더 늘리지 말고 비정규직이라도
지원하자는 생각에 대기업 계약직 자리에 이력서를 넣었다.

　조촐한 공간에서 면접을 보는 동안 나는 무슨 일이든
시켜만 달라며, 이미 이력서를 빼곡히 채운 아르바이트
경력을 기도하듯 줄줄 읊었다. 면접관은 아르바이트 경력은
회사에 들어올 때 적지 않는 것이라 일러주며 이외에

---

* 영어 '자유로운 free'과 독일어 'Arbeit'의 합성어. 자발적 혹은 비자발적으
로 고정적인 일자리 대신 임시직, 비정규직 등으로 살아가는 사람들을 일컫
는 말.

도움이 될 만한 경력이 없는지 물었다. 커피를 내리고,
걸레질을 하고, 재고 관리를 하는 일들은 사무직 면접에
아무 도움이 되지 않는 경력인 모양이었다. 그간의 시간이
매연처럼 흩어졌다. 여전히 고깃집 구석에서 고기를 굽고
있는 기분이 들었다.

　다행히 그 회사는 일손이 부족하다며 급한 대로 나를
채용했다. 교육 첫날, '원래 같으면 떨어뜨렸어야 할'
나에게 천운이라며 감사한 줄 알고 열심히 하라는 말을
거듭했다. 나는 친구들에게 계약직이라는 사실은 쏙 빼놓고
알 만한 대기업에 취직했다고 이야기했다. 친구들은
직장인이라면 당연히 가지고 있어야 할 블라우스와 립스틱,
구두를 선물해줬다. 거짓말을 한 것 같아 부끄러웠지만,
정규직으로 전환되면 사실이 되니까 괜찮다고 합리화했다.

　무슨 일이든 솔선수범해야 한다던 사수가 내게 처음
시킨 일은 사무실에 있는 가습기 닦기였다. 나는 사무직도
아르바이트와 하는 일이 크게 다르지 않다는 사실에
놀랐는데, 며칠 후 계약직들에게만 이런 일을 맡긴다는
걸 알게 되었다. 첫 회사는 사회가 정규직과 계약직에게
상상도 못할 차별적인 대우를 한다는 사실을 잔인하리만치
가혹하게 알려주었다. 나는 매일 아침 가습기를 닦고,

환기를 시킨 채 먼지를 털고, (계약직) 선배들의 도시락을
사오며 첫 단추를 잘못 꿴다는 건 이런 게 아닐까 생각했다.
그리고 가습기를 닦은 지 열흘이 되던 날, 인터넷에서
찾은 사직서 양식을 출력하고 작성한 뒤에 곱게 접어 부장
자리에 두고 나왔다. 내 생애 첫 사직서 제출이었다.

　이후 아르바이트를 전전하듯 여러 회사를 떠돌았다.
회사는 내가 가진 긴 공백기를 궁금해했다. 노동에서
노동으로 이어지며 분주했던 시간들이 그들의 눈에는
텅 빈 시간으로 보인다는 사실이 허탈했다. 그때마다
번번이 내가 고시 준비를 해야 할 시간에 형편이 좋지
않아 아르바이트를 그만둘 수 없었으며 이 때문에 고시
합격이 늦어졌다는 사실을 일목요연하게 설명해야 했다.
떨리는 목소리 사이로 스미는 모욕감은 이 과정을 몇 번을
반복해도 사라지지 않았다.

　정확히 여덟 번째 면접을 보러 가는 날부터 내게는
운동화를 챙기는 습관이 생겼다. 면접이 끝나면 운동화를
신고 다섯 정거장쯤 걸으며 목 놓아 울었다. 그래야 하루치
모욕감과 수치심을 배출할 수 있는 것처럼.

　여덟 번의 모욕감과 열 번의 수치심을 눈물로 털어낸
끝에 나는 지원한 곳 중 제법 마음에 드는 회사와 정식으로

고용 계약을 했다. 이전 직장에서는 파견업체와 계약서를
작성했는데, 이번에는 입사하는 회사의 인사팀을 통해 직접
계약서를 작성했다. 계약서를 쥔 손이 파르르 떨렸다.

우여곡절 끝에 입사한 회사 생활은 쉽지 않았다.
마이크로매니징micromanaging*을 일삼는 팀장 때문에 팀원
모두가 괴로워했고, 사내 정치질이 하루 일과의 전부인
팀원들로 인해 팀 내부에서는 자잘한 갈등이 끊이지
않았다. 이들을 통솔해야 할 팀장은 관리자의 책무를
접어둔 채 자기 밥그릇 챙기는 데만 전념했다. 그래도
나는 긴 공백기에도 불구하고 나를 뽑아준 회사에 최선을
다하고 싶었다. 그래서 열심히 버텼고, 일터에서 경험한
부당함이나 스트레스는 퇴근 후에 내가 좋아하는 일을 하는
것으로 해소했다.

　사이드 프로젝트 열풍이 불었던 2020년, 나는 오랜
취미 생활이었던 독서모임 '들불'을 자아실현용 사이드
프로젝트로, 회사는 오로지 돈벌이를 위한 본업으로 삼는
투 트랙 인생을 본격적으로 시작했다. 야근이 잦은 업무

* 관리자(혹은 사용인)가 실무자의 모든 일을 간섭하고 통제하는 행위.

특성상, 들불을 운영하기 위해서는 잠을 줄여야 했다. 잠을 줄이니 입맛이 없고 기운이 떨어졌다. 아침에 일어나는 게 너무 힘들었던 그해 여름, 투 트랙 인생은 내게 번아웃과 암을 남겼다.

수술 날짜를 잡고 나니 회사가 걱정됐다. 당장의 수술비와 입원비는 해결할 수 있다고 해도 혹시 모를 미래를 위해 나는 퇴사가 아닌 휴직을 원했다. 그러나 회사의 입장은 달랐다. 회사는 계속해서 퇴사를 권하며 압박해왔다. 재발 위험도 있고, 컨디션이 들쑥날쑥하면 업무에 지장을 주지 않겠냐는 이유였다. 부당한 처사였다. 나는 분노에 차 입사 동기 단체방에 이 사실을 알렸다. 그러자 동기들은 그러게 왜 암 진단 사실을 알렸느냐며 도리어 나를 나무랐다. 모든 게 지긋지긋해진 나는 다시 몇 개의 역을 걷기 시작했다. 회사에서 쌓인 독소를 배출하지 않으면 암 또한 영영 낫지 못할 것 같았다. 그렇게 몇 주간 매일 1만 보를 채워 운동 앱의 새로운 뱃지를 받았을 무렵, 나는 내 생애 두 번째 사직서를 제출했다.

암 환자라는 새로운 정체성은 나의 노동 인생을 뒤집어놓았다. 나는 그간 한 번도 일이라 생각해본 적 없는 사이드 프로젝트를 본업의 궤도에 올려놓는 작업을 시작했다. 사이드로 제쳐두었던 일이 메인이 되어야만, 암 생존자로서, 노동자로서 불안 없는 하루하루를 보낼 수 있을 것이었다. 그러나 직장인에서 독립 작업자가 되는 일은 전환만으로 불안한 일이었다. 꼬박꼬박 입금되던 월급도, 내가 '일하는 사람'이라는 사실을 증명해주던 4대보험도 사라지는 삶. '암'이라는 사건에 회사와 국가가 보장하던 루틴들을 내어주는 일은 과외 매칭 사이트에 수수료를 떼어준 것처럼, 인생 수업의 대가로 80퍼센트를 떼어주는 기분이 드는 경험이었다. 나는 20퍼센트만큼 쪼그라든 채 다시 1인분의 삶을 찾아 나서야 했다.

암도, 월급도, 4대보험도 사라진 지금, 나는 가난과 그럭저럭 먹고살 만한 상태 사이를 오가는 작업자로 살아간다. 불확실한 미래 생각에 잔잔한 불안이 밀려오는 날이 많지만, 부정적인 감정들에 제법 익숙해진 나는 불안을 이불 삼아 잠을 청한다. 회사를 다닐 때에도 넉넉했던 적은 없었으니까, 나와 고양이들을 먹여 살릴 수 있는 수준이라면 그걸로 된 거라는 위로를 자장가 부르듯 중얼거리기도 한다.

언제나 '1인분'이라는 단어가 돌림노래처럼 머릿속을

맴돈다. 1인분의 삶이란 무엇일까? 나는 지금 1인분의 삶을 해내고 있는 걸까? 아르바이트를 하며 고시 준비를 하고, 회사를 다니며 사이드 프로젝트를 운영하던 내가 단 한 번도 느껴본 적 없는 1인분의 감각은 도대체 누가 언제, 어떻게 느끼고 있는 걸까?

무수히 많은 질문 끝에는 알바비에서 차감된 얼마간의 팁과 80퍼센트의 수수료, 그리고 병원비가 있다. 남은 인생 동안 나는 지금까지처럼 나의 알바비를, 수수료를, 휴직할 권리를, 건강을 떼어주며 살게 될까? 계속 떼어내고 떼어낸 삶이 온전한 1인분으로 남으려면 어떻게 해야 하는지 나는 아직도 그 방법을 모르겠다.

2부

결과

가이드라인

📑 귀에 걸면 귀걸이 코에 걸면 코걸이가 된 플랫폼의 운영 지침.

🫀 애매모호할수록 일을 크게 만드는 출발점.

구구 OTT 드라마를 1시간 분량으로 요약해주는 영상에 빠져 있을 무렵, 유튜브는 내게 여자 주인공이 집단성폭행을 당하는 내용의 영화를 추천 영상으로 띄웠다. 영상을 보지 않아 영화의 줄거리와 결말은 알 수 없었지만, 해당 영상의 썸네일이 여성혐오적이고 영상에 달린 댓글 역시 폭력적이어서 영상과 다수의 댓글을 신고했다. 그러나 유튜브는 영상 삭제 조치, 계정 운영 경고 및 정지 등의 액션을 취하지 않았고, 대신 내게 알고리즘 폭탄을 투하하며 더 많은 여성혐오 영상들을 띄우기 시작했다. 그때부터 나는 하루 중 일정 시간을 할애해 유튜브 내 유해한 영상들을 신고하기 시작했는데, 의아하게도 그중 어느 하나 삭제되는 일이 없었다.

그러다 내가 좋아하는 유튜버 햄튜브의 생리컵 리뷰 영상이 가이드라인 위반을 이유로 삭제되고 계정에도 경고 조치를 받았다는 소식을 접했다.[*] 가이드라인 위반에 의한 삭제가 전혀 이루어지지 않아 상심하고 있던 나는 큰 충격에 빠졌다. 유튜브 커뮤니티 가이드에는 '과도한 노출' '성적인 콘텐츠' '유해하거나 폭력적인 장면'에 제재를 가한다고 써 있지만, 정작 해당 가이드가 적용된

---

[*] 2018년 7월 18일에 업로드된 「아직도 생리컵 안쓰세요」는 유튜브의 일방적인 조치 이후 유튜브 측에 항소 메일을 보낸 뒤 복구되었다.

사례는 '생리컵' 영상뿐이었다는 사실이 믿기질 않았다. 플랫폼의 자의적 해석과 판단에 의해 가이드 위반이 정해지는 이러한 과정을 통해, 유튜브 사용자이면서 동시에 영상을 만드는 작업자들은 플랫폼의 눈에 합당하지 않다는 이유로 자신이 작업한 영상이 언제든지 삭제 조치될 수 있단 걸 염두에 두어야 한다는 사실을 깨닫는다. 플랫폼이 휘두르는 판사봉 앞에 작업자는 무력하다.

해인 친구들의 블로그를 구경하는 걸 좋아한다. 최대한 일과 무관한 것들을 모으려고 애쓰면서 거기에 '소소한 일상'이라는 제목을 달아놓고, 이런 걸 누가 궁금해할까 진심으로 궁금해하면서도 시시콜콜한 이야기를 이어나가는 걸 보는 일을.

쓰는 사람도 읽는 사람도 부담 없는 수필 류의 포스팅들은 그동안 곳곳에 숨어 있다가, 네이버에서 2021년에 진행한 '#오늘일기' 챌린지를 기점으로 터져 나왔다. 두 가지 필수 해시태그 #블챌 #오늘일기 와 함께 2주간 매일 포스팅을 작성한 사람에게 주어지는 보상은 현금으로 자유롭게 쓸 수 있는 1만 6,000 포인트였다. 해시태그 두 개만 달면 포스팅의 본문 내용과 분량이 어떻든 참여로 인정된다는 조건이었다. 이 챌린지는 1일 차 참가자가 약 60만 명에 달할 정도로 반응이 뜨거웠고, 이론적으로는 모든 참가자가 완주할 시 약 96억의 현금성 포인트를 분배받는 유토피아를 향해가고 있었다.

가
이
드
라
인

"다만, 매일매일 자신의 진짜 일상 일기를 기록하시는 분들을 독려하는 취지로 챌린지를 오픈하였으나, 여러 아이디로 복사 글을 붙여쓰기 하는 등 어뷰징 형태의 참여자가 지나치게 많아 부득이하게 #오늘일기 챌린지를 종료하게 되었습니다." (2021년 5월 3일 네이버 블로그팀 공지 중에서)

참여 방식은 쉬웠지만 그만큼 가이드라인이 허술했던 이 챌린지는 사흘 만에 조기 종료되고 말았는데 이벤트에 참여한 수십만 명 속에는 타산지석에 쓰일 돌을 줍줍해가는 작업자가 있었다. 그는 사람들에게 희망 고문을 주지 않으려면 지나치게 꼼꼼한 가이드라인을 만드는 편이 좋다는 사실을 깨달았다.

②
결
과

덕업일치

📇 방구석 덕후를 자본의 충실한 노예로 만들기 위한 자본주의의 교묘한 기술.

🗯 좋아하던 걸 계속 좋아하는 건 일과 무관하다는 사실을 가리는 말.

구구 애당초 덕과 업은 일치하는 것이 아니라 한쪽이 다른 한쪽으로 전환될 뿐이다. 덕질에 투영된 환상은 '상품'이나 '서비스'가 덕후에게 닿기까지의 가공 과정을 전혀 모르거나 알지만 눈 감는 방식으로만 지켜진다. 상품이라는 매끈하고 완벽한 결과물로서만 존재했던 덕질의 대상을 많은 이들의 시간, 에너지, 노력이 투입되는 과정으로 인식하는 순간, 덕질은 취미가 아닌 노동의 영역으로 이전된다. 덕업일치를 이뤘다고 회자되는 인물들은 '맘 편히 덕질하던 때가 좋았다'며 순수하게 덕질을 할 수 있던 과거를 그리워하곤 한다. 책이 좋아 독서 커뮤니티를 만든 나도 종종 도서관 구석에 앉아 일을 떠올리지 않고 책을 읽었던 시간을 그리워하지만, 이제 그런 날은 영영 오지 않을 것 같다.

해인 졸업한 학교에는 국내 최초로 '앙트러프러너십' 학과가 있었다. 도대체 저긴 무얼 하는 곳일까? 지금은 행방이 묘연해진 같은 과 동기와 오르막길 교정을 오르며 앙트러(entre), 프러너(preneur), 십(ship) 하고 발음을 주고받기도 했다. '기업가 정신'으로 번역되는 이 학과에서는 학생들을 세상을 바꿀 사업가로 길러 내고 있었다.

프리랜서가 되고 난 이후, 한 매체로부터 "'하비프러너'인 당신과 이야기를 나누고 싶다"는 요지의 연락을 받았을 때 나는 오랫동안 잊고 있던 그 오르막길을 떠올렸다. 그건 '취미(hobby)를 전문적인 일로 기획해 사업으로 확장 발전시키는(preneur) 사람'이라는 뜻이라고 했다. 무슨 말인지는 알겠지만, 영어와 프랑스어를 결합한 거창한 단어로 나를 소개하는 일은 거기까지였다. 그보다는 일본어의 파생어인 '덕후'라는 말을 빌리는 쪽이 마음을 편안하게 해준다.

그래서 덕과 업이 일치했느냐고? 책을 좋아하던 사람이 서평을 써서, 아이돌을 좋아하던 사람이 아이돌 이야기를 하는 오디오 프로그램에서 경제 활동을 하니 그렇다고 볼 수도 있을 것이다. 그러나, 이는 결과론적인 해석이다. 언제나 덕질은 덕질이고, 업은 업이다.

마감

🗂 작업자들이 시간을 감각하는 기본 단위.

👛 내가 최소한의 시민의식을 가진 사람인가 하는 의구심이 드는 순간들.

구구 마감은 삶의 자잘한 선택들을 좌우한다. 커피를 마시거나 식사하는 일, 사람을 만나고 산책하는 일 모두 마감의 영향 아래 놓인다. 마감은 마감이 없는 기간까지도 지배하는데, 마감이 없는 동안은 그 사실이 자아내는 불안을 마주하며 초조해지기 때문이다. 그러니까 마감은 있든 없든 작업자의 삶에 엄청난 영향력을 행사한다.

마감이 없는 삶을 사는 사람은 마감을 한두 시간 정도 바짝 집중하면 끝낼 일로 상상하지만, 마감이 있는 사람들끼리는 마감 기한 전까지 마감을 위한 작업뿐 아니라 덕질, 책상 정리, 스트레칭, 릴스 보기, 고양이 쓰다듬기, 쓸모없는 파일 정리하기 등의 허튼짓이 모두 마감에 포함된다는 사실을 알고 있다. 그래서 마감이 없는 사람과 약속을 잡으면서 마감 핑계를 대기란 쉽지 않다. 마감을 핑계로 마감 없는 사람과의 약속을 미뤘다면 그가 팔로우하고 있는 SNS 계정에 놀고 있거나 놀고 있는 것처럼 보이는 사진을 올려서는 안 된다는 걸 잊지 말아야 한다.

마감은 작업자들 사이의 위계를 확인하는 단서가 된다. 마감에 허덕이는 사람은 마감과 마감 사이의 불안을 감당하지 못해 이곳저곳에 마감 스트레스를 드러내는데, 다른 작업자는 그의 불안(혹은 불안을 가장한 자랑)을 목격하며 자신의 한가함과 그의 바쁨을 견준다. 이렇게 마감은 시장의 선택을 받은 작업자인지를 판가름하는 단위이기도 하다.

해인 마감 때문에 절절매던 어느 날 '마감일이 수명에 미치는 영향'이라는 제목의 칼럼*을 읽었다. 보나 마나 이 글의 결론은 뭔가를 만들겠다고 약속하는 일을 하는 사람들에게 장수는 요원하리라는 예언으로 닿으며, 내 수명이 단축될 수밖에 없다는 사실에 쐐기를 박으리라 생각했다. '마감일은 개인의 성취만을 위한 도구가 아니라 집단 책임의 지렛대가 된다'라거나 '마감일을 다가오는 개인적인 위협이 아니라 바로 지금, 이 순간에 누군가가 찾고 있는 퍼즐 조각으로 여기는 것이 유용할 수 있다'는 무시무시한 말이 쓰여 있을 줄은 예상하지 못했다.

제때 마감을 들고 도착한 나를 맞이한 사람은 차분히 바통을 이어받아 달리면 된다. 하지만 목을 빼고 나를 기다리던 사람은 뒷목을 잡고 달려야만 한다. 돌고 도는 트랙 위에서, 그런 식으로 마감은 적어도 둘 이상으로 이루어진 사람들 사이에서 피어나는 시민의식을 고취하기도

* 레이첼 사임Rachel Syme 「What Deadlines Do to Lifetimes」(『더 뉴요커The New Yorker』 2021. 6. 28.)

②
결과

하고 또 반대의 이유로 꺾기도 한다.

더 늦기 전에 혼자 할 수 있는 일을 찾아볼까?

마
감

물성

□ 만지고 감각하는 과정을 통해 작업물을 새롭게 인식하게 만드는 상태이자 디지털을 기반으로 작업하는 많은 작업자들이 욕망하는 하나의 목표.

◯ 휘발되는 기억력과의 승부에서 살아남아 한 계를 뛰어넘으려는 시도.

□구□ 환경 문제가 가장 시급한 이슈로 대두되고 있는 최근 몇 년 사이, 물성을 매체의 힘이자 작업자들의 목표로 두는 것이 잘못되었다는 자성의 목소리가 커지고 있다. 물성의 본래 의미가 한 개체의 고유한 성질이라는 점을 감안한다면, 우리의 목표는 어쩌면 상품화된 물건이나 물건을 구성하고 있는 성분이 아닌 자연에서 찾을 수 있는 것인지도 모른다. 물성을 가진 물건을 만질 때 느껴지는 감촉 또한 상당 부분 자연에서 느낄 수 있는 촉감과 닮아 있다는 점을 고려한다면 더욱 그렇다.

내가 이렇게 생각하게 된 건 동료 디자이너와 물성에 관한 대화를 나누다 얻게 된 힌트 덕분인데, 그는 언젠가부터 데이터나 콘텐츠를 책이라는 물성으로 만들고, 그를 보조하거나 알리기 위해 만드는 굿즈가 자기파괴적이라는 생각이 들었다고 고백했다. 그는 여전히 업계에 있지만, 환경을 파괴하는 물성이 결국 지구에서 살아가는 우리 모두를 파괴할 뿐이며 그렇게 물성을 느끼고 싶으면 자연에 가서 나무를 끌어안고, 떨어진 잎을 매만지며, 흐르는 바닷물에 손을 담그면 될 일이 아니냐고 덧붙였다. 실로 맞는 말이다.

(해인) 아무리 공들여 만든 것이라 할지라도 기억에서 잊히고, 누군가의 장기 기억에 남지 않는다는 생산자의 미련과 아쉬움이 이런 결정을 가능하게 한다. 온라인에서 마주한 한계를 어떻게든 붙잡아두고자 한다.

물성은 반드시 이것을 실물로 만나달라는 적극적인 요청이다. 내가 당신과 손을 잡을 수는 없지만, 나의 작업물은 당신의 손에 가닿을 수 있음을 암시하는 것이기도 하다. 아무도 음악을 CD로 듣지 않는 시대에 돌연 LP가 품절되는 일이나, 수년간 일간지에 연재된 칼럼들이 책으로 엮여 출간되자마자 베스트셀러가 되는 일들은 여전히 일어나고 있다. 같은 물건을 온라인 사이트와 오프라인 공간에서 동시에 구매할 수 있고 우리는 두 가지 쇼핑 방식 중 하나를 골라야 한다. 대부분의 사람들이 조금 더 쉽고 빠른 전자를 택하지만, 그렇기 때문에 후자에서는 역으로 '공간만이 줄 수 있는 가치가 있다'는 마케팅을 자신 있게 내세운다.

미래

🗂 작업자들의 대화에서 사라져버린 기묘한 시간.

🌀 미세먼지 저감 대책으로도 결코 해결할 수 없는 뿌옇고 탁한 무언가.

구구 버지니아 울프는 자신의 일기에 "우리는 미래가 없이 살고 있다. 그것은 기묘한 점이다"*라고 썼는데, 정말로 그렇다. 작업자들이 모인 자리에서는 '지금, 여기'의 문제만이 중요하다. 우리의 대화에서 미래는 태연하게 꽁무니를 감췄다. 얼마 전, 40세를 목전에 둔 동료에게 40대의 목표가 무엇인지 물었다. 내가 던진 질문은 뱉는 순간 그 즉시 내게로 향했다. 40대의 내 모습은 캄캄했고, 그건 동료도 마찬가지일 터였다. 내가 지금 하고 있는 작업을 계속 이어갈 수 있을까, 만약 이 일을 그만둔다면 나는 무얼 하고 있을까. 굶어 죽는 건 아니겠지. 잠깐의 적막을 견디던 우리는 눈을 맞추고 멋쩍게 웃은 다음, 최근 본 영화 이야기로 대화를 선회했다. 마치 우리에게 미래라는 것이 허락되지 않은 것처럼.

업무 계획은 분기마다, 해마다 척척 세우면서 우리 자신의 미래는 왜 이렇게 그려지지 않는 걸까. 돈을 벌고, 생활을 꾸리면서 생존에는 많은 고민과 노력이 투입된다는 사실을 알아버렸기 때문일까. 성인이 된 우리에게 미래는 어린 시절의 꿈과는 다른 모습을 하고 있다. 미래는 현실화된, 구체적인 이미지다. 미래를 이미지화하기

* "we live without a future. That's what's queer." (『No Future』 Lee Edelman 3쪽에서 재인용)

위해서는 설계 단계에서 몇 가지 확인해야 할 사항이 필요한데, 이것은 대체로 수입과 관련이 있다. 안정적인 일자리, 규칙적인 수입, 꾸준히 보장되는 보험 등 예견된 위험을 방어할 수 있는 루틴이 있을 때 비로소 미래는 그 모습을 드러낸다. 당장 AI에게까지 일자리의 위협을 받고 있는 작업자들에게 미래는 찰나의 상상조차 어려울 정도로 요원한 가정이다.

해인 "일단 영업지원팀에는 제가 있고요. 제가 있습니다. 저밖에 없어요. 영업지원팀은 저 혼자입니다."*

건강기능 식품회사 소속의 4년 차 직장인 C씨가 자신의 얼굴에서 시작한 브이로그 촬영용 카메라를 360도 돌려서 다시 자기 앞으로 가져다놓는다. 팀장이자 팀원. 그런데 팀장. 브이로그 포맷으로 출근부터 퇴근까지 평범한 회사원의 실무를 간접 경험하게 해주는 교양 프로그램 「아무튼 출근!」 중에서도 직장인 C씨의 하루는 가장 공포스러운 에피소드로 회자된다.

그는 자사 제품의 오전 홈쇼핑 방송 지원 업무를 위해

* MBC 「아무튼 출근!」 30화 (2021. 10. 26)

새벽 3시 53분에 일어나 출근하는 모습을, 방송이 끝나고 열린 당일 홈쇼핑 실적 보고 자리를, 40분 동안 전무님의 훈화 말씀을 듣고 있는 전 직원 미팅 현장을 모두 카메라에 담는다. 12시간의 회사 근무가 끝나면 회사 휴게실에서 노트북을 펼쳐 사이버대학교 비대면 강의를 듣는다. 그는 승진을 하고 싶다는 온당한 바람을 가지고 있다. 그러나, 자신 같은 고졸 사원은 대졸 사원의 승진 체계와 다른 경로를 따라야 함을 알게 되었기 때문에 긴 하루를 보내야만 한다.

이 에피소드의 부제는 "MZ세대의 이중생활"이다. 방송 제작진은 업무와 학업 두 마리 토끼를 잡으면서도 긍정적인 태도를 잃지 않는 C씨를 청춘의 표상인 것처럼 비춰 보였지만, 시청자들은 이것이 명백한 착취임을 깨닫는다. 앞이 보이지 않아서 뭐든 해보려고 했던 사회 초년생 시절을 씁쓸하게 떠올린다.

②
결과

바이럴 | viral

🗐 인터넷 세계를 종횡무진 누비며 소비 욕구를 부추기는 피리 부는 사나이.

🖇 한 번 터져버리면 감당이 잘 되지 않기 때문에, 그 결과 작업자의 체급을 한 단계 키우는 매서운 경험.

구구 바이럴은 고의 없이 성공했을 때만 의미를 가지며 광고 의도를 노골적으로 드러내거나, 의도하지 않은 척 시도했다가 들키는 순간 조롱의 대상으로 전락한다. 바이럴을 조롱하는 방식은 소셜미디어마다 다른데, 트위터(현 X)에는 상품 추천 트윗을 재개시하며 "네 다음 바이럴"이라고 비아냥대는 문화가 자리 잡은 반면, 인스타그램에는 바이럴에 속아 제품을 구매한 소비자들이 사기를 친 사람의 계정에 찾아가 사과를 촉구하는 댓글을 다는 문화가 있다. 비판을 맞닥뜨린 계정주는 검은색 이미지를 올리고 댓글 창을 막은 채 적당히 꾸며진 사과문을 쓰는 것으로 사건을 무마한다.

해인 나는 배송비만 결제하면 택배로 실물 형태의 샘플을 받아볼 수 있는 신청 페이지의 바이럴이 어디서 시작되었는지 그 근원을 쫓아가는 일을 해본 적이 있다. 집요한 구글링 끝에 마침내 찾아낸 최초의 바이럴 포스팅 주인을 향한 고마움과 희열이 뒤섞인 채로 다음 일을 수습했다.

관리자 권한으로 접근할 수 있는 주문 관리 페이지를 조회하다 보면 평소에는 십 또는 백 단위에 머물던 숫자가 갑자기 천 단위로 뛰는 걸 보게 된다. 점점 증가하는 숫자가 머리로는 가늠이 잘되지 않아서, 자꾸만 새로고침 버튼을 눌러서 확인한다. 그러다가 웹사이트 서버가 터지기도 하는데, 바이럴의 속성은 갑작스러움이므로 몰려드는 이용자들을 위해 미리 서버 증설을 해둘 틈 같은 건 애초에 없다.

명명백백히 뒷광고가 아니라고 말할 수 있는 '우리와 이해관계가 전혀 없는 익명의 누군가'가 바이럴이라는 물꼬를 터주는 일은 작업자의 연대기에 자리할 거대한 사건이다. 이 사건은 누군가가 자발적으로 홍보를 하고 싶을 만큼 우리가 하고 있는 일이 매력적이라는 확신, 그동안 우리가 완전히 헛다리를 짚고 있던 건 아니라는 자기 긍정으로 이어진다.

배달음식

🔖 주문 횟수 구간에 따라 안정적인 상태부터 번아웃 위험까지 작업자의 정신 상태를 측정할 수 있는 자가 진단법.

🫘 이만하면 양질의 삶을 살고 있다고 착각할 때 즈음, 급커브 해서 도달하는 곳.

구구 지난 달 배달 앱에 찍힌 나의 배달 주문 횟수는 총 11회였다. 일주일에 3일은 음식을 시켜 먹은 셈이다. 일단 컴퓨터 앞에 엉덩이를 붙이고 앉으면 끼니를 해결하기 위해 식당을 찾는 일이 별스럽게 느껴진다. 큰 노력 없이 버튼 클릭 몇 번 만에 스테이크도, 마라탕도, 회도 먹을 수 있는데 뭐 하러 식당에 가는 에너지를 낭비하겠는가. 시간과 에너지를 아껴 좀 더 많은 일을 하겠다는 결심이 설 때면 배달이 더 효율적이다. 또 작업량이 많은 날이면 나를 위한 보상으로 앱을 켠다.

배달 앱에 찍힌 주문 횟수가 오늘날 현대인의 병리적 지표로 활용된다는데, 이에 따르면 한 달의 절반 정도를 배달음식으로 때운 나는 현재 심리적인 문제를 겪고 있는 상태다. 배달음식과 관련한 심리 분석에 의하면, 나는 아마도 일에서 보람을 느끼지 못하고 삶의 공허함을 느끼고 있는 중일 테다.

주문 횟수나 배달 앱의 고객 등급이 상향되었다는 사실보다 나의 문제를 더 빠르게 파악할 수 있는 방법은 막 도착한 음식을 딱 한 입 먹어보는 것이다. 막상 한 입을 먹고 나서 기대한 만큼의 쾌감이 찾아오지 않을 때, 나는 왜 감당도 못할 양을 주문한 것인지, 높게 쌓인 플라스틱 그릇이 환경에 미칠 영향은 또 어쩔 셈인지 자책을 시작한다. 물가 상승으로 1인분에 2만 원이 족히 넘는 음식값이 빠져나간 통장을 바라보며 도대체 나에게 지금 부족하거나 넘치는 것이 무엇인지 답도 없는 고찰을 이어간다. 그러곤 내일부터는 배달음식을 주 1회로 줄이겠노라 다짐하고 아직 소화를 채 마치지 못한 배를 부여잡은 채 왼쪽으로 누워 잠을 청한다.

다음 날 아침, 작업이 잘 풀리지 않으면 어제의 결심은 잊고 배달 앱의 즐겨찾기 탭에 들어가 스크롤을 내린다. 나의 허기를 달래줄 배달 요정이라도 만날 수 있을 것처럼.

Tip. 밥 먹고 바로 누우면 역류성식도염에 걸릴 확률이 높은데, 왼쪽으로 누워 자면 그 확률을 줄일 수 있다.

해인 제법 고가라서 망설였던 프랑스 S브랜드 솥을 구매했던 해, 나는 광인처럼 솥밥을 만들었다. 연어솥밥, 표고무우솥밥, 아스파라거스새우솥밥, 냉이솥밥, 미나리옥수수솥밥, 들기름김치솥밥 등등. 쌀을 불리고, 제철 재료를 얹고, 불 세기 조절을 하고, 뜸을 들였다. 빈 솥에 마찰이 일어나지 않도록 세심한 설거지까지 마쳐야 비로소 먹고

② 결과

149

사는 일과가 완성되었다.

　일이 몰리거나 급한 마감을 앞두고 있는 시기일수록 솥은 내게서 멀어져갔다. 앞서 말한 일련의 과정이 부담스럽게 느껴질 때면 간단하게 무언가를 만들어 먹을 생각을 하면 좋을 텐데, 곧장 배달 앱에 접속해버리는 건 왜일까. 솥밥 만들어 먹기와 배달음식 주문해 먹기 사이, 일하고 먹는 인간에게는 도무지 중간이 없다.

번아웃 │ burnout

> 📇 미래를 당겨 쓴 작업자들에게 찾아오는 만성(에 가까운) 질환.

> 🌀 두 번은 겪고 싶지 않은 강렬한 첫 경험.

구구 회사를 그만두기 1년 전부터 퇴사 직전까지 나는 지독한 번아웃을 경험했다. 매일 자는 시간을 줄이고, 대충 끼니를 때우며 일에 몰두한 결과였다. 어찌나 지독했던지 퇴사 후에도 오랫동안 번아웃의 여파에 시달리며 이른바 '독 빼기 과정(하루 종일 잠만 자고, 의식주에 대한 관심을 일체 끊어버리는 시기)'을 거쳐야 했다.

내가 작업자로서 중요하게 생각하는 덕목 중 하나는 세상을 향한 안테나를 쉬지 않고 세워두는 것이다. 외부와의 교신이 꾸준히 이루어지지 않으면 지속적인 작업은 불가능했다. 나의 작업 특성상, 사회문제에 대한 관심은 특히 더 중요했다. 그러나 결심이 무색하게도 번아웃 상태에 빠지고 나니 세상을 향한 관심과 호기심이 완전히 말소되어버렸다. 이것은 곧 작업을 지속할 수 없는 상태를 의미했다.

번아웃은 산 사람을 죽은 것과 다름없는 상태로 만든다. 번아웃을 겪고 있는 개인은 정신적으로 고립되고 경제적으로 불리해지면서 점차 자기 자신에게만 몰두하게 된다. 주변을 돌아볼 시선을 차단당하고, 비축해둔 에너지를 온통 나의 우울과 무기력을 생각하는 데 쓰게 된다. 그렇게 각각의 개인들은 표류하는 섬이 되어 외로이 머문다. 이 상태가 되고 나서야 나는 크게 깨달았다. 공동체의 지속을 위해서는 노동시간을 줄이고, 노동 환경을 개선해 사람들이 번아웃 상태에 빠지지 않도록 만들어야 한다는 사실을. 이웃에게 관심을 줄 수 없는 상태로는 공동체는커녕 개개인의 생존조차 보장할 수 없다.

해인 스마트폰 중독 테스트, ADHD 테스트, 성인애착유형 테스트까지 온라인에는 출처를 알 수 없고 결과를 있는 그대로 신뢰할 수 없는 각종 자가 진단 테스트들이 가득하다. 그중에서도 번아웃은 작업자가 진지하게 임하는 자가 진단표의 출발점이 된다. 대중교통을 환승할 힘이 없어서 택시를 타서는, 유리창에 머리를 기대고 번아웃 테스트 문항을 체크한다. 그럼에도 현재 자신이 번아웃인지 아닌지 헷갈려 하는 작업자는 의료/심리 전문가의 도움을 받기 직전까지 혼란에 사로잡히는데, 이는 남들도 다 이만큼은 힘들게 일하고 있다는 합리적 추측 때문이다.

나의 첫 번째 번아웃은 2020년이었고 그에 대한 기억은 거의 남아 있지 않다. "코끼리는 생각하지 마!"라고 말을 들은 사람들이 코끼리만 생각하는 것처럼, 나 역시 당시에는 번아웃에 대해서만 생각했던 시기를 보냈다. 물

② 결과

론, 첫 번째 번아웃에도 나름의 효능이 있었다. 더 이상 몸과 마음이 보내는 신호를 모르는 척하지 않게, 두 번째 번아웃이 오지 않도록 사전에 예방하게 되었다는 점에서.

비용

⬛ 작업을 설명하는 무수히 많은 단어 중 가장 빈번하게 생략되는 항목.

☁ 물가상승률을 전혀 고려하지 않은 채로 결정되는 작업의 보상.

구구 작업자들은 작업에 투입되는 정확한 비용을 책정하여 상대에게 청구하기보다 시장에 형성된 가격에 일찌감치 굴복하거나 형편없는 자기 검열과 자가 진단을 통해 '이런 것까지 청구한다고?' 싶은 비용들을 멋쩍어하며 감액한 채 청구서를 작성한다.

애초에 작업에 투입된 비용을 정확하게 책정하는 일이 가능한가에 대해 의견이 분분한데, 이는 마치 '가사노동에 어느 정도의 임금을 책정해야 하느냐'의 논란과 유사하다. 권력과 자본을 가진 이들이 인정하지 않는 항목은 작업자가 비용으로 상정하더라도 결코 비용이 될 수 없다는 점에서 그렇다. 우리의 통장에 찍히는 비용은 자본의 승인을 받은 금액뿐이다.

해인 때로는 "널 좋아해"라는 감상적인 고백보다 "넌 쓸만해"라는 노동시장에서의 냉정한 판단이 더 위로되는 시기가 있다. 나의 쓰임을 증명하는 하루가 수당이 되고, 끝이 보이지 않던 한 달이 모여 월 급여가 된다. 그러다 보면 연봉 협상일이 다가온다. 조직은 직원에게 매해 '희망 연봉'을 의례적으로 묻지만 그 희망을 충족시켜주지 않는다. 그럴 거면 그냥 '절망 연봉'이라고 하자.

프리랜서가 되고 난 이후에는 몸값을 올릴 수 있는 방식을 적극적으로 고민한다. 몸값이라는 말이 겸연쩍게 느껴지던 시기도 있었지만, 작업에 대한 보상이 더 이상 제멋대로 이루어지지 않도록 나의 가치를 어떤 숫자들을 던져보며 증명한다. 이와는 별개로, 프리랜서가 되기 전에 마지막 회사에서 받았던 연봉, 그 숫자는 이상하게 기억에서 잊히지 않는다.

② 결과

성장

⬚ 눈에 보이지도 잡히지도 않지만 착실한 매일을 살아온 작업자에게 주어지는 필연적인 행운.

⬚ 매너리즘에 빠졌다가 제자리로 돌아올 여지조차 주지 않는 냉정한 세상의 작동 원리.

[구구] 작업자는 작업을 하지 않고 있는 순간조차 성장할 것을 요구받고, 때로 일상의 작은 편린마저 작업으로 승화시켜야 한다는 강박을 갖는다. 작업자들이 느끼는 압박감은 매분 매초 '앞으로 나아가야 한다'며 성과를 축적해야 한다는 관점과 연결되는데, 이는 "전형적인 자본주의적 유산계급의 시간관"*이다.

성장을 돈과 같은 물리적인 성과와 떨어뜨려놓고 보면, 삶은 편해진다. 자본주의가 요구하는 성과를 이끌어내지 못했더라도, 그저 하루 더 배우고 익혔다는 사실에 방점을 찍는다면 성장은 내게 묵직한 요구보단 매일을 즐기는 인생관으로 자리 잡는다. 게다가 성장은 종종 아주 오래전에 쏘아버린 화살이 삶이라는 과녁에 꽂히듯 매일을 착실하게 살아내는 와중에 찾아오기도 하므로, 작업자는 강박을 버리고 매일을 그저 묵묵히 살아가면 된다.

[해인] 애니메이션 영화 「업」은 쟁쟁한 디즈니-픽사 라인업 중 내 마음속 명예의 전당에서 한자리를 꿰차고 있다.

* 김영옥 『늙어감을 사랑하게 된 사람들』 위즈덤하우스 2023, 251쪽

유년의 성장과 노년의 성숙은 하늘을 날아오를 때가 아닌, 땅을 딛고 있을 때 의미 있다는 걸 보여주는 이 영화는 이런 질문을 남긴다. 사람은 죽을 때까지 성장해야 한다는데, 성숙은 어느 틈에 할 수 있지?

하나의 프로젝트 속에는 늘 온갖 변수가 도사리고 있고, 전혀 예상하지 못한 범위의 역할까지 닥쳐와서 '그것까지는 못 하겠다고 말할까?'라는 내뱉지 못한 말이 속을 시끄럽게 할 때가 있다. 이 과정을 묵묵히 견딜 때 작업자는 성장한다. 앞으로 더 거대하고 복잡한 프로젝트가 다가와도 쫄지 않는다. 그러나 어떤 작업자는 탄탄한 준비를 할 필요성, 과한 의욕이 가져올 뒷수습의 어려움 등 객관적인 판단을 거쳐 성장보다는 현상 유지를 택한다.

모두가 자신의 일터에서 위험을 감수하고 다음 에피소드를 쌓아가는 성장물의 주인공이 될 필요는 없다. 때로는 하던 대로 계속하기만 해도 충분하다.

실 패

🗂 언제나 성공의 전제 조건처럼 여겨지는 것.

🗨 정의하기 나름인 세상의 문법.

구구 성공하기 위해 실패는 필연적이며, 성공한 사람들은 이러한 사실을 잘 알고 있기 때문에 실패를 급기야 즐기기까지 한다. 그러나 종종 실패에 대한 이해는 이에 내포된 사회적 맥락을 전혀 파악하지 못한 채 그저 개인이 극복해야 할 과제로 남는다.

일례로 나는 옷 쇼핑을 즐기지 않는데, 가능한 예산이 많지 않은 상황에서 구매가 실패로 이어졌을 때 내게 남을 타격이 다른 이들에 비해 크기 때문이다. 이때 실패는 비용만이 아니라 시간, 정신적 에너지 등 여러 자원을 동원한다. 마찬가지로 내가 일상에서 선택하고 결정하는 모든 문제가 나의 사회적 자원을 기반으로 이루어진다. 나는 가진 것 없는 자들에게 실패가 얼마나 공포스럽고 두려운 일인지 안다. 단 한 번의 실패만으로 어떤 사람은 생을 마감하기로 결정한다.

독립 작업자가 된 이후, 실패를 한다면 조직이라는 기댈 구석 없이 온전히 나 자신이 책임져야 한다는 압박감이 생겼다. 작업자로서 내가 실패할 경우, 업계의 인정과 신뢰, 인적 자원을 비롯한 많은 것을 잃을 것이다. 자본주의는 내가 실패를 극복할 때까지 기다려주지 않는다. 특히 어떠한 자원도 갖고 있지 않은 작업자에게는 더더욱 가혹하다. 이런 상황에서는 빌 게이츠와 같이 성공한

자본가들이 남긴 실패에 대한 명언 따위가 나를 자극할
리가 없다.

(해인) 일본 NHK 드라마 「콩트가 시작된다」 속 콩트 3인
조 '맥베스'는 요즘 같은 세상에서 보기 드물게 한 우물만
파는 젊은이들이다. 그들은 고등학교 동창일 때 얼결에
팀을 결성했고, 이제 셋 다 20대 후반이 되었다. 리더 하
루토는 어떤 분야에서든 대중의 사랑을 얻어 내기까지는
10년의 시간이 필요하다는 자기만의 지론을 가지고 살았
다. 매일 3시간씩 콩트에 투자하면 10년 후에는 슈퍼 콩트
스타가 될 수 있다는 것. 하루토는 한때 현대사회를 휩쓸
고 간 '1만 시간의 법칙'의 신봉자였던 걸까. 그의 가족들
은 은근히 못마땅해 하면서도 10년 안에 반드시 유명해
지겠다는 그의 약속을 기다려준다. 맥베스의 다른 멤버
준페이와 슌타 또한 이 기다림에 묻어간다. 누구도 그만
두자는 말을 먼저 꺼내지 않는데 나머지 두 사람이 보여
주는 근성은 거의 판타지처럼 보인다.

이 드라마에 그럴듯한 반전은 없다. 어느 날 공연을 마
친 뒤 맥베스는 해체를 선언하는데, 보는 입장에서는 해
체를 막을 명분이 크게 없어 보인다. 일단 그들이 보여주

는 콩트는 별로 웃기지 않고, 마지막을 예고하는 순간조차 공연장의 관객석은 듬성듬성 비어 있다. 팀의 해체를 실패로 보아야 할까? 아니면 10년간 팀이 깨지지 않고 지속되었다는 것만으로도 성공으로 쳐줘야 할까? 내가 하고 있는 작업과는 하등의 관련 없는 드라마를 보면서도 나는 일하는 사람으로서 나의 현주소를 돌아본다.

알람

🔲 현대인의 귓가를 강타하는 따가운 형벌.

🔲 어차피 계속 붙들고 있어봤자 답이 없으니, '일단 자고 나서 하자'며 스스로와 타협할 때의 믿을 구석.

구구 과중한 업무로 인해 생활 리듬을 잃어버릴 때가 있다. 이 시기 생겨나는 대부분의 문제들은 너무 늦게 자거나(혹은 자지 않거나) 너무 많이 자서 발생한다. 특히 과수면은 우울증과 번아웃으로 무기력을 겪고 있는 작업자들과 수면으로 도피하며 일을 미루려는 작업자들에게 영원한 화두다.

나 역시 작업량이 많은 시기에는 늦게 자고 늦게 일어나는 편이다. 이럴 때마다 나는 잘 쓰고 있던 버티컬 스케줄러(하루 일과를 시간 단위로 기록하는 스케줄러. 나의 하루 작업 루틴을 파악하는 데 용이하다)의 빈 칸을 망연자실하여 바라본다. 남들 일어날 때 일어나지 못하고, 남들 잘 때 자지 못하는 내 생활이 스스로도 민망하기 때문이다. 나는 민망함과 각종 문제들을 해결하기 위한 특약 처방으로 모닝콜 20번 맞추기 형벌을 스스로에게 내린다. 5분 단위로 맞춘 알람은 뇌에 악영향을 준다지만, 지금 내게 더 극악무도한 쪽은 망가진 수면 패턴으로 일이 끊겨 길거리에 나앉는 상황이다. 귀가 따갑도록 울려대는 알람을 신경질적으로 끄며 잠시 내가 일어나고 싶을 때 멋대로 일어나는 삶을 상상해본다. 하지만 그것은 상상일 뿐이고 나는 지금 일어나지 않으면 생존할 수 없다.

(해인) '미라클 모닝' 창시자 할 엘로드는 2008년 금융 위기가 일상에 미친 여파로부터 빠져나오기 위해 아침을 위한 루틴을 만들기로 결심했다. 그는 명상, 독서, 글쓰기 등 자신의 하루를 바꾼 아침의 힘을 널리 알렸고, 많은 이들이 체질을 개선해 아침형 인간이 되어야 한다는 오해에 사로잡혔다. 시도는 빨랐고, 포기는 더 빨랐다.

기적을 위한 시행착오들을 누적한 사람들을 위해 할 엘로드는 '미라클 이브닝'이 필요하다는 새로운 아이디어를 마련하기에 이른다. 아니 잠깐, 이건 기만이다. 하루를 모닝, 애프터눈, 이브닝으로 편의상 삼등분해보자. 24시간 중 1/3을 잘 살기도 어려운데 이제 2/3만큼이나 기적을 일으켜야 하는 것인가? 그가 『미라클모닝 확장판』(윤영삼 옮김 한빛비즈 2024)에서 제안하는 기적적인 저녁(미라클 이브닝)에 걸맞은 삶의 방식으로는 '취침 직전 금식하기' '블루라이트 피하기' 등이 있다.

그러나 무엇보다 내일을 위한 알람을 맞추는 일에 집중해보자. 하던 일을 멈추고 찌뿌둥한 몸으로 새벽녘 침대에 모로 누울 때는 어딘가에 있을지 모를 시계의 신에게 나의 알람들을 조공으로 바친다. 5:10, 5:20, 5:25, 5:28… 이중 아무거나 유난히 크게 울려주세요. 제가 하나라도 듣고 일어날 수 있도록요.

영양제

🗂 예고도 없이 찾아오는 질병이라는 불확실성을 방어하기 위해 동원되는 편법.

🫧 물 한 컵에 과하게 걸어보는 기대.

구구 새로운 갓생의 아이콘으로 급부상한 다비치 멤버 강민경이 자신의 채널 〈걍밍경〉에서 '갓생은 템빨'이라며 아침 공복에 아홉 가지 영양제를 때려 넣는 모습을 보여줘 화제가 됐다. 공연을 위해 이동하는 동안에도 노트북을 켜 영상 편집을 하는 강민경에게 영양제의 갯수는 '갓생'을 살고 있다는 징표인 동시에 그의 불안도를 보여주는 숫자다.

영양제

외부(사회, 클라이언트)의 관심이 곧 작업과 화폐로 이어지는 사회에서, 작업자는 작업을 쉼없이 이어가면서도 건강한 육체를 유지해야 하는 이중 노동에 시달린다. 질병으로 인해 공백이 발생하면 일이 끊기고, 일이 끊어지면 미래는 사라진다. 그래서 작업자는 "타인에게 버려지지 않기 위해 나를 버리"고 만다.* 과로를 일삼는 작업자에게 질 좋은 수면, 균형 잡힌 식사, 강도 높은 운동은 사치다. 사람들이 '진짜 영양제'라고 말하는 이러한 세 가지 요소를 해낼 수 없는 작업자는 영양제라는 편법을 선택한다. 영양제는 간편하다. 단 몇 알 만으로 장기가 튼튼해진 것 같다는 착각과 함께 자기 관리를 잘 하고 있다는 묘한 자기효능감을 느낄 수 있으니 말이다. 실제로

* 이승원 『우리는 왜 쉬지 못하는가』 돌베개 2022, 122쪽

② 결과

건강해지는지는 중요하지 않다. 건강한 기분, 그거면 족하다. 그거면 나는 자본주의라는 "최선의 경기장"*에서 내쫓기지 않을 것이다.

강민경뿐 아니라 청년층의 영양제 과섭취는 '메가도스(Megadose, 하루 권장 섭취량 기준을 넘어 과도하게 섭취하는 방식)'라는 이름으로 문제시된다. 그러나 이러한 문제를 분석하는 그 어떤 매체에서도 우리가 메가도스─인간이 된 이유를 묻지 않는다. 과로가 일상이 되어버린 작업자에게 '영양제에 지나치게 의존하지 말라'는 조언은 문제의 본질을 숨긴 채 '작업을 중단하라'는 경고로 메아리칠 뿐이다.

해인 직장 스트레스가 최고조에 달했던 시기에 몇 주간 가슴 두근거림이 심해 심장초음파검사를 받았다가 "다 괜찮은데요. 비타민D가 부족합니다"라는 소견을 받은 적이 있다. 심장이 괜찮다니 다행인 것과는 별개로, 약간의 허탈함이 남았지만 실제로 비타민D를 챙겨 먹은 후 컨디션이 눈에 띄게 좋아졌다. 그 후로 매일 물 한 컵과 함께

* 같은 책, 124쪽

삼키는 영양제에 관심이 생겼다.

처음으로 정기 복용을 시작한 영양제는 뻑뻑한 눈 건강에 도움이 되는 루테인과 일하며 받은 스트레스를 술로 잊는 자의 간 건강을 위한 밀크씨슬이었다. 지방, 탄수화물, 단백질 대사와 체내 에너지 생성에 필요하다는 비타민B도 복용 목록에 추가했다. 피로 회복과 활력 증진 같은 기초적인 기능뿐 아니라, 요즘은 마음 건강까지 영양제에 기댈 수 있는 시대다. 심신이 안정되고 편안한 상태에서 나오는 뇌파인 알파파 발생을 증가시키는 'L-테아닌' 성분이 들어간 영양제를 시중에서 어렵지 않게 구할 수 있다.

②
결과

완성도

▢ 성취할 수 없다는 걸 알면서도 끝없이 추구하게 되는 어떠한 경지.

▢ 작업자를 갈아 넣기로 결심하는 이유(웬만한 호러 영화보다 더 무섭다).

구구 영화 「블랙 스완」의 주인공 니나(나탈리 포트만)는 발레 「백조의 호수」의 프리마돈나로 발탁되고, 비중이 높은 '블랙 스완' 역할을 맡게 된다. 니나의 발레는 훌륭하지만 단장은 그의 실력을 계속 의심하고, 그 과정에서 니나의 완벽주의 강박은 날로 심화된다. 동료 발레리나와 자신을 비교하며 지독한 자기 의심의 구렁에 빠진 니나는 끝내 죽음을 맞이한다. 블랙 스완의 역할을 완성하는 건 곧 비극 버전의 「백조의 호수」 스토리대로 니나가 죽음을 택하는 일뿐이라는 것처럼.

작업자는 대체로 완벽주의에 시달리며 자신의 작업물이 완성도가 떨어진다거나 형편없다는 불안과 자기 의심에 봉착한다. 이러한 태도가 작품의 완성도에 긍정적인 영향을 미치는 일도 간혹 있겠지만, 작업자 스스로가 만족할 만한 완성도란 그리 쉽게 존재하지 않는다. 완성도를 향한 지나친 집착은 니나와 같은 자기 파괴적인 결말로 우리를 이끌 뿐이다.

작업물의 완결은 종종 내가 아니라 나의 작업물을 들여다봐줄 타인에 의해 완성된다. 그러니 작업자는 적당한 순간에 작업물을 손에서 떠나보낼 줄도 알아야 한다. 사실 이 말은 작업의 완성도를 불신하며 원고를 붙잡고 '진짜진짜최종_진짜최종_최종.hwp'을 쓰고 있는 나 자신에게 해주고 싶은 말이다.

해인 2023년 북미에서 영화 「스파이더맨: 어크로스 더 유니버스」가 개봉한 후 얼마 지나지 않아, 제작사 소니 픽처스 애니메이션 및 마블 엔터테인먼트 소속 애니메이터들은 영화가 세상에 공개되기까지 '하루 평균 11시간씩 주 7일 작업했다'는 사실을 폭로했다. 그들의 용기 있는 고백을 듣게 된 이상, 스크린 속 생동감 넘치는 작화와 화려한 그래픽을 보며 마냥 열광할 수는 없었다.

곧 개봉 50주년을 맞는 스티븐 스필버그의 영화 「죠스」는 1970년대의 물가 기준으로는 막대한 제작비를 들였다고 알려져 있다. 스필버그 감독은 2023년에도 아카데미 시상식 감독상 후보에 지명되는 거장이다. 동시대의 관객들은 현재의 그를 만든 초기작을 살뜰히 찾아본다. 동시에 이들은 조악한 CG를 참지 못하며, 가짜 연출을 진짜라고 믿기 위해 필요한 건 자신의 노력이 아니라 감독의 역량이라고 여긴다. 그래서 이어지는 질문이 너무나 의미심장하다.

"「죠스」가 오늘날에도 만들어질 수 있을까? 로튼 토

174

마토*와 시네마 스코어**, 오스카 테스트(Oscar awarded test) 등을 거치면서도 살아남을 수 있을까? 모형 상어의 완성도를 따지고 들면 살아남을 수 있을까? 당시에는 고무 같아도 상관 없었지만, 지금은 그렇지 않다."***

---

* Rotten tomatoes : 미국의 영화, TV 시리즈 리뷰 사이트. 작품에 대한 평가를 신선함(fresh)과 썩음(rotten)으로 구분한다.

** Cinema score : 미국의 영화 시장조사 업체. 관객의 만족도를 조사하여 작품에 자체 등급을 부여한다.

*** 넷플릭스 오리지널 다큐멘터리 「영화, 보기의 미학」 EP1. 상어와 함께한 여름

유료화

🔲 "언제 밥 한번 먹어요"만큼이나 관성적으로 내뱉게 되는 작업자의 관용어.

🌥 무료로 콘텐츠 발행을 하고 있는 작업자가 주기적으로 듣는 인사말에 섞여 있는 단어.

구구 이 단어는 뉴스레터처럼 양질의 콘텐츠를 주기적으로 발행하는 작업자에게서 "유료화를 고민 중이에요"라거나 "이제 유료화할 때 된 것 같아요" 등으로 특히 자주 쓰인다. 유료화된 콘텐츠의 가격은 물가상승률과 무관하게 점차 낮아지고 있는데, 한때 '이슬아 가격'이라고 불렸던 주 5회 발행, 월 구독료 1만 원의 법칙을 깨고 5,900원, 4,900원 등 드립 커피 한 잔 값을 넘지 않는 선으로 떨어지고 있다.

유료화

해인 구독료 또는 열람 비용(코인)을 책정하기로 결심하는 일은 작업자의 주머니에 든 양날의 검이다. 소비자들의 지갑에서 나온 돈은 작업자가 먹고사는 걱정을 그만하고 지속가능한 작업을 하는 데에 보탬이 된다는 점에서 유용하다. 마찬가지로, 똑같은 돈은 작업자가 구독자들과 약속을 지켜야 한다는 책임 또는 기복 없이 수려한 퀄리티의 콘텐츠를 제공해야 한다는 부담을 얹어준다는 점에서 언제나 유용하지만은 않다. 자기 작업물에 부과되어야 할 합당한 가치를 셈하다가 지쳐버린 창작자는, 역시 돈이 안 되는 일이 가장 재미있다는 결론을 붙들게 된다.

②
결과

인 터 뷰

📇 작업자가 자신의 작업물을 외부에 알릴 수 있는 중요한 기회 중 하나.

🫘 실제로 일을 잘하는지 검증할 수 없는 '일잘러'가 일에 대해 말하는 시간.

구구 라이더유니온 초대위원장 박정훈은 토론회나 인터 뷰 참여에 대한 페이를 물었다가 "돈만 밝히는 이상한 사 람"* 소리를 들었다고 토로한다. 작가 이랑은 인터뷰가 "내가 요청한 것도 아니고 요청을 받고 하는 노동"**이라 며 페이를 줄 것을 요구한다. 그러나 작업자가 대중을 만 날 수 있는 좋은 기회란 걸 잘 아는 매체들은 인터뷰비 언 급이 없다. 한 매체에서 인터뷰 요청이 왔던 날, 단 5만 원 이라도 페이를 줄 수 있느냐는 내 물음에 답장은 없었다. 한 사회적기업은 인터뷰 페이를 묻자 프로젝트에 투입된 예산이 한정되어 있다며 난색을 표했고, 그럼 거절하겠 다는 내 답변에 '좋은 일에 동참해주시길 바란다'며 나의 윤리성을 시험하는 은근한 압박을 가해왔다.

작업자들이 거절한 인터뷰는 시간적, 금전적 여유가 있는 이들에게 돌아간다. "공짜 말하기는 지속가능성이 없다"는 박정훈 위원장의 말대로 이러한 관행은 다양한 목소리의 출현을 저해한다. 아무리 좋은 일이라도 작업 자가 공짜 노동을 해야 할 의무는 없다. 좋은 변화는 마 땅한 인터뷰비를 지급하는 일로부터 시작될 것이다.

* 박정훈 「시간·돈 들여 취재 도움줘도… '인터뷰비'는 왜 없는가」 『오마이뉴 스』 (2020. 4. 28.)
** 이랑 『좋아서 하는 일에도 돈은 필요합니다』 창비 2020, 37쪽

(해인) 나는 주기적으로 다른 분야의 작업자들을 인터뷰한다. 인터뷰 작업의 어려움은 섭외, 질문지 작성, 녹취 풀기도 아닌, 인터뷰이의 평판 조회다. 높은 확률로 매체는 일잘러의 이미지를 입고 있는 사람에게 자신의 일에 대해 이야기하도록 마이크를 쥐어준다. 그가 얼마나 일을 잘하는지는 같이 일해보기 전까지 알 수 없는데도.

세상에는 수치로 증명되는 실적을 내거나, 동종 업계 내에서 여러 사람의 입에 오르내릴 만한 일의 결과가 자신의 포트폴리오에 없는 이들이 있다. 아주 평범하게 주 5일 일하는 이들의 일 이야기 듣기를 좋아한다는 개인적 기호와는 별개로, 매체 속 일 인터뷰를 보다 보면 피로감이 누적된다. 인터뷰 하나를 덜 보고, 퇴근한 친구 한 명을 더 만나서 함께 밥을 먹으며 이야기를 나누는 오후가 더 많아졌으면 좋겠다.

추천

▣ 과거의 궤적을 탐색하다 최종적으로 도달한, 개인의 평균값에 가장 근접한 추정치.

◑ 작업자가 속해 있는 산업과 인간 관계의 지형 도를 두루 바꾸어버리는 일.

구구 알고리즘이 개인의 구매 내역, 콘텐츠 소비 내역 등을 따라가며 그에 맞는 상품이나 서비스를 추천한다면, 사람이 직접 하는 '추천'은 평균값을 측정하기 어려운 다수의 대중을 상대로 하기에 많은 고민이 발생한다. 유행에 민감하고 시의적절한 콘텐츠를 생산하는 자들은 적확한 추천을 위해 수많은 인풋을 강박적으로 때려 넣으면서 번아웃에 쉽게 노출되는 문제를 겪는다.

해인 한동안 책을 좋아하는 사람들이 너 나 할 것 없이 경상남도 양산시에 있는 어느 책방 얘기를 했다. 그곳은 불시에 SNS에 장르 불문의 책 추천 포스팅을 올리면서 '북 마케터'라는 별칭으로 불리게 된 전직 대통령이 운영하는 책방이다. 이렇듯 누군가의 말 한마디에 산업의 지형도가 달라지기도 하지만, 대부분의 작업자들은 추천하는 사람으로서 자신이 하는 말에 크게 설득력이 없다는 사실을 알고 있다. 그럼에도 이런 대화들이 계속된다.

"작업실 테이블에 놓을 이 간접 조명, 살까 말까?"
"후기가 좋던데 나도 추천."
"영양제 갈아타려고 하는데 이 영양제 괜찮을까?"

"개인적으로는 비추."

우리의 지지부진한 일상을 지탱하는 어떤 선택에 있어서는 주변의 가까운 사람들이 지나가듯 툭툭 던지는 말만큼 유용한 게 없다. 추천이 도움이 되었을 땐 상대에게 고맙다고 인사를 건네는 걸 잊지 말 것. 말 한마디로 관계의 지형도 또한 달라질 수 있다.

②
결
과

취향

◫ 소비자의 취향을 저격하기 위해 돈을 들여 익혀야 하는 일종의 선행 학습.

◌ 사람들 사이에서 쪼개지다 못해 더 이상 나눌 수 없는 단계까지 다다른 작은 알갱이.

구구 안목과 더불어 취향은 작업자가 키워야 하는 이 시대의 필수소양 중 하나로 평가받는다. 작업자는 자신의 취향을 갈고 닦는 건 물론, 많은 이들의 취향을 '저격'할 수 있는 작업물을 만들기 위해 타인의 취향도 예리하게 관찰한다. 또 자신의 작업물이 곧 누군가의 취향이 된다면 좋으련만 그런 일은 극히 드물기 때문에, 작업자는 '팔리기' 위해 먼저 많은 노력과 비용을 들여 타인의 취향을 경험할 필요도 있다는 조언을 듣는다.

유튜브 〈머니그라피〉에 출연한 더콰이엇은 "돈을 많이 써야만 할 수 있는 힙합이 있다"*고 말했다. 이는 작업물에 작업자 개인의 취향과 생활방식이 얼마나 많은 영향을 주는지 보여주는 동시에 시대가 원하는 작업물을 만드는 과정에서 돈을 투입하고, 취향을 일구는 일이 얼마나 중요한지 시사하는 사례다. 만약 돈을 들여야만 가능한 작업물이 있다면, 돈을 들이지 않고 혹은 극단적으로 돈을 아끼면서 얻는 취향이나 삶의 양식은 없는 걸까. 왜 어떤 취향은 자원의 투입이 가능할 때에만 피어나며, 이 시대는 이러한 취향을 '좋은 것'으로 정하고 향유할까. 취향에 대한 계급적인 분석은 여전히 유효하며 비

* 「"내 세대에서 끝났다" 더콰이엇이 말하는 힙합의 본질, 그럼에도 그가 멈추지 않는 이유 | 머니 코드」(〈머니그라피〉 2024. 4. 4.)

판받을 지점도 분명하지만, 작업자는 이리처리 생각할 겨를도 없이 오늘도 판매를 위해 돈을 들여 취향을 학습한다.

(해인) 11월까지는 최선을 다해 취향껏 삶을 즐겨두어야 한다. 12월에는 새로운 것을 받아들일 여력이 없을 테니. 나에게 있어 '올해의 OO'을 꼽는 작업은 그냥 지나가기엔 아쉬운 소일거리다. 마치 창고 한편에서 어둠을 조용히 머금고 있던 크리스마스트리에 갑자기 불을 딸깍 켜듯, 매해 비슷한 시기마다 알아서 하게 되는 일.

하지만 최근 몇 번의 연말 결산을 맞이한 나는 '나의 베스트가 남에게도 최선일지는 알 수 없다'는 생각에 사로잡혔다. 내가 꼽은 올해의 콘텐츠에 다른 사람들도 설득되려면 최대한 많은 사람이 동일한 콘텐츠를 감상해야 하는데 그런 전제 자체가 사라져버렸음을 깨달았기 때문이다. 개인과 집단이 공유하는 모수 자체가 줄어들다 보니, 타인의 목록은 올해 내가 놓친 콘텐츠를 발견하는 장이 된다. 문제는 그것이 이제라도 알게 된 반가움보다는 '내가 어떻게 이런 것도 모르고 살았지?'라는 조급함을 데려온다는 거다.

'올해의 OO'이 연말을 구실 삼아 "나는 OO을 사랑해"라고 전하는 소박한 고백 행위에 그치면 어떤가. 남을 설득할 필요 없이, 내가 내 취향 앞에 바로 서는 12월이 또 한 번 다가오고 있다.

②
결
과

피드백

한 끗 차이로 지적이나 악플이 될 수 있기에 고난이도 기술이 필요한 작업.

무조건적인 비난과 구분되며, 일정 정도 시간과 돈을 쓴 작업자의 진심.

구구 피드백을 방법론적으로 접근하는 주류 시각은 좋은 피드백의 기준을 구체적인 언어로 이루어지는 의사 표현에 두지만, 이보다 선행되어야 하는 조건은 세심한 '관찰'이다. 관리자나 클라이언트가 피드백을 통해 문제를 납득시키려면 피드백을 전달하기 전, 어느 한쪽으로 치우치지 않은 꼼꼼한 관찰을 우선해야 한다. 무심한 피드백은 자칫 작업자가 능력을 발휘하는 데 방해가 된다.

그러나 관찰을 기반으로 한 피드백일지라도 모두 도움이 된다고는 할 수 없다. 피드백으로 가장한 악플의 경우가 그렇다. 그들은 자신이 비용을 지불했기 때문에 이만한 피드백을 할 권리가 있다고 생각하며, 폭력적이고 착취적인 피드백을 서슴없이 (그리고 쓸데없이 길게) 늘어놓는다. 그들의 의견 앞단에는 언제나 "다 작가님을 생각해서"라는 말이 붙는다. 이 경우, 작업자와 대중에게는 '비판적이면서도 건설적인 피드백이란 무엇인가'에 대한 질문이 남는다.

폭력적인 악플만큼이나 무조건적인 감싸기도 문제다. 특히 단군 이래 최대 불황이라는 출판 시장에서 '비판적 피드백'은 성립조차 어려운데, 책을 사랑하는 독자라면 책의 판매를 위해 비판보다 칭찬을 우선해야 한다는 그릇된 인식이 자리 잡고 있기 때문이다.

(해인) "'도서전이 열리는 5일 중 어느 요일에 오픈 조로 다녀와야 인파가 가장 덜 붐빌까?'

눈치 게임을 하는 게 한가한 고민거리라는 걸 알기까지 그리 오랜 시간이 걸리지는 않았습니다. 개최 약 두 달 전부터 공식 홍보대사로서 도서전을 알린 오정희 소설가가 박근혜 정부 시절 문화예술인을 검열하는 '블랙리스트(디나이얼리스트)' 가담자였던 사실이 알려졌고, 오 소설가의 홍보대사 위촉에 항의하는 시위를 벌인 송경동 시인이 경찰의 제지를 받아 도서전에서 쫓겨났으며, 일부 연사가 행사 불참을 선언하면서 예고된 강연 및 공개 방송이 두 차례 취소되기까지 했으니까요.

다른 관람객들과 나 사이에 적정 거리가 확보되는 쾌적함, 준비된 부스를 수박 겉핥기가 아닌 상태로 돌아볼 수 있는 속도감, 미처 몰랐던 창작자를 발견하게 되는 여지, 이 모든 것들이 어우러지는 순간 저는 이 전시를 좋아한다고 말하게 되는 것 같아요. 이번에는 좋거나 좋지 않음을 판단하기가 무척 어려웠는데요. 몇 권의 책을 사 들고 돌아오는 길에 2024년의 도서전이 보란 듯이 멋지게 재개되기를 바라는 마음이 제 안에서 가장 큰 자리를 차지하고 있었기 때문입니다. 문제를 묵과한 현장의 한가운데에서 소리를 지르는 이가, 도서전 당사자이기도 한 작가들이 대통령경호법을 이유로 쫓겨난 자리에서 '비인간, 인간을 넘어 인간으로'라는 주제로 나눌 수 있는 이야기가 없다며 행사 보이콧 의사를 전한 이가, 끊임없이 책을 팔면서 부족한 재고를 채우는 이가, 책을 여기서 더 살까 말까, 열렬하게 고민하는 이가 그날이 되면 한 명도 빠짐없이 다시 모일 수 있기를 바라면서요."

이것은 2023 서울국제도서전 주최 측에게 보내는 피드백이다. 작업자들이 모일 이 다음의 기회가 더 아름답고 멋질 수 있기를, 거기에 불순물이 끼어들지 않기를 바라는 마음으로.

②
결
과

회고

📑 뒤돌아봄을 통해 나아감을 도모하는 일의 끝과 시작.

💬 "다 부질없다"고 말하지 않기 위해 애쓰는 행위.

구구 오르페우스가 에우리디케의 저승행을 막기 위해 절대 뒤돌아보지 말아야 했던 반면, 현대를 살아가는 작업자들은 작업의 지옥행을 막기 위해 반드시 뒤돌아볼 것을 요청받는다. '아무것도 한 것이 없다'는 자괴감이 스미거나 작업을 때려치고 싶다는 욕망이 샘솟을 때면 내가 뿌린 빵 부스러기를 확인하는 일이 필요하다. 이때 이루어지는 회고는 '그래도 무언가를 꾸준히 하고 있구나'라는 일의 감각을 상기시킨다. 이렇게 자잘한 회고들은 모이고 모여 텅 빈 시간이라 여겼던 지난한 작업의 나날을 채워주고, 작업의 종착지로 나아가는 동력이 된다. 일을 마무리하고 난 뒤 전체 작업을 톺아보는 회고는 다음 작업을 위한 참조점이 되기도 한다.

해인 『구운몽』은 결말이 상당히 유명한 이야기다. 성진은 우연히 여덟 선녀를 마주친 이후 그들 생각에 잠을 이루지 못하고, 죄의 대가로 인간 양소유로 다시 태어난다. 여덟 명의 부인과 살던 그는 이만하면 아무 문제없어 보이는 순간 모든 게 부질없다는 걸 알게 되고, 그 즉시 꿈에서 깨어난다. 양소유로서 그의 소유와 성취는 모두 없던 일이 된다. 어디선가 막대기를 던지는 소리가 들려 고개를 돌려보니 다 한낱 꿈이었다.

그런데 나는 실제로 '다 부질없다'는 말을 믿고 있나? 꿈에서 갓 깨서 눈을 비비고 있을 뿐인 성진의 깨달음이 내 인생의 신조가 될 수 있나? 내가 과로와 초과 근무를 하던 밤들을 견딜 수 있었던 건 아마도 그것들을 감당하느라 고통스럽게 느껴지는 어떤 지점을 지나면 한 자락이라도 내게 의미가 남을 거라는 작은 기대가 있었기 때문이다. 그래서 언제나 나의 중간 결론은 '이 모든 게 부질없을 리는 없다'는 거다. 실은 별거 아니라는 말. 무엇이든 너무 큰 의미부여를 하지 않는 게 좋겠다는 말. 자신이 벌여온 일들을 회고하는 데에 익숙한 작업자는 그런 말들을 쉽게 믿지 않는다.

휴가

🗂 작업의 연속성을 위해 필요한 영감을 얻는 절차.

💬 그 누구와든 업무용 연락이 불가능할 것임을 예고하는 장치(그러나 정말 급한 연락에는 대응할 수 있다. 연락주세요. 아니 연락 주지 마세요).

구구 작업자에게 영감이란 새로운 장소에서, 새로운 상황을 경험하며 얻게 되는 일의 원천이다. 많은 작업자들은 무리해서라도 여행을 떠나며 작업의 실마리를 얻길기대한다. 때로 휴가 자체가 새로운 콘텐츠로 거듭나길희망하는 작업자도 있는데, 이들은 동료 작업자의 여행콘텐츠를 보며 약간의 초조함과 질투를 느낀다.

휴
가

휴가마저 하나의 콘텐츠로 떠오른 지금, 작업자들이갖는 평범한 휴식시간은 줄곧 무시당한다. 작업자의 휴가는 콘텐츠가 될 가능성을 내포하고 있거나 이후에 이뤄질 작업에 긍정적인 시너지를 일으키는 일, 예를 들어아이디어를 떠올릴 수 있는 산책이나 소란스러운 마음을 가라앉히고 작업에 집중할 수 있는 토양을 마련해주는 명상, 근력을 강화하고 집중력을 높이는 운동 등으로만 정의되며, '쉼'이라는 역할은 쉽게 박탈당한다.

해인 칼럼 「밀레니얼은 어떻게 번아웃 세대가 되었는가」로 큰 주목을 받았던 앤 헬렌 피터슨은 오늘날 일을 대하는 우리의 우선순위가 올바르지 않음을 꼬집으며 말한다. "삶을 바꾸어서 우리 자신을 더 나은 노동자로 만드는대신, 노동을 바꾸어서 우리의 삶을 더 나은 것으로 바꾸어야 한다."*

　나는 한 번도 그런 방식으로 작동하는 워라밸이 가능하리라 생각해보지 않았다. 언제나 일을 하기 위해 준비된 삶을 마련하고자 살았다. 휴가를 떠나는 것조차 그 시간 동안 스스로를 잘 달래서 무탈히 업무에 복귀하기 위함이었다. 어디로 떠나는지 중요한 게 아니라 그 여행을 마치고 다시 쌓여 있는 일감 앞으로 돌아올 때 내가 덜 불행한 기분을 느낄 수 있는지가 중요했다. 다음 휴가를 떠나기 전에 얼른 나의 노동을 바꾸어야겠다. 삶에 속한 나의 소중한 휴가가 휴가다울 수 있도록.

* 앤 헬렌 피터슨, 찰리 워절 『우리는 출근하지 않는다』 이승연 옮김 반비 2023, 15쪽

진짜 일을 하고 있다는 감각

2020년 9월 25일 구글 캘린더에는 "도비는 자유예요"와 "보건교사 안은영 넷플릭스"가 적혀 있다. 그날은 내가 회사를 그만두고 기어코 프리랜서가 되었던 날이자, 즐겨 읽은 소설의 드라마 전편이 공개되는 당일이기에 저녁 약속을 잡지 않은 날이었다. 아직도 드라마 「보건교사 안은영」 시즌 2는 나오지 않았지만, 나는 매해 9월 25일 하고 있던 일을 멈추고 프리랜서로서 연차가 갱신된 하루를 기념한다.

지난 이력을 떠올리는 건 드문 일이지만 어쩌다 과거를 돌아봐야 할 때면 나는 국민건강보험 홈페이지에서 '건강보험 자격득실확인서'를 검색해본다.

2014년에 첫 직장생활을 시작한 이후 '직장가입자'가 된 나는, 몇 달 후 직장을 그만두면서 '지역세대주'가 되었고, 이직에 성공해서 다시 '직장가입자'가 되었고, 그 이후 경영 악화에 따른 권고사직, 개인 사유 등등의 이유로 또

다시 '지역세대주'가 된다. 거기에는 내 기억력의 한계를
보완하듯, 끝나지 않고 반복되는 역사가 일목요연하게
나열되어 있다(인턴 고용 시에는 4대보험에 의무 가입되지
않았으므로, 일부 사업장의 실제 재직기간은 조금 더 길다).

가입자구분	사업장명칭	취득일	상실일	재직기간
지역세대원		2020.09.26.		
직장가입자	G사	2020.04.06.	2020.09.26.	약 5개월
지역세대주		2020.03.11.	2020.04.06	
직장가입자	F사	2019.11.01.	2020.03.11.	약 3개월
지역세대주		2019.04.13.	2019.11.01.	
직장가입자	E사	2018.12.05.	2019.04.13.	약 4개월
지역세대주		2018.09.08.	2018.12.05.	
직장가입자	D사	2018.08.13.	2018.09.08.	3주
지역세대주		2018.06.16.	2018.08.13.	
직장가입자	C사	2017.08.11.	2018.06.16.	10개월
직장피부양자		2016.12.17.	2017.08.11.	
직장가입자	B사	2015.11.01	2016.12.17.	약 1년 1개월
직장피부양자		2014.07.16.	2015.11.01.	
직장가입자	A사	2014.04.01.	2014.07.16.	약 3개월

건조하게 말하자면, 나는 그간 총 7군데의 주식회사에 다니면서 7번의 직장가입자가 되었고, 7번 탈퇴했다. 어쩜 이렇게 재미없는 숫자가 있나? 일 연대기를 풀어놓기 위해 지나간 선택들에 개연성을 부여하고 싶은 의지가 내 안에는 거의 남아 있지 않다. 7번이 5번으로 줄었다면 뭐가 조금 달랐을까? 얼기설기하게나마 계속 일하는 사람으로 살아왔고 이만하면 큰 문제 없지 않나?

건강보험료를 회사가 납부해주는 직장가입자로서, 그러니까 정직원으로서 내가 처음 한 일은 마케팅 대행사에서 영유아 스킨케어 제품의 웹사이트 화면구성안을 만드는 것이었다. 일반피부용 제품 3개와 건성피부용 제품 1개를 메인페이지에 배치한 후, 화살표 버튼을 누르면 전체 라인업 중 어느 제품을 볼 수 있는지, 어떤 타이밍에 배너 이미지가 우측으로 넘어가야 하는지에 관한 내용을 담은 그 문서를 나는 아무런 확신 없이 완성시켰다. 이 자료를 외주 개발회사에 전달하면 웹사이트가 만들어진다고 했다. 그때 내가 쓴 기획안에는 "영유아 타깃인 제품의 안전함, 신뢰성을 드러내기 위한 차분한 톤 앤 매너를 유지할 것"이라는 요청사항이 적혀 있었는데, 자신이 무슨 말을 하고 있는지 모르는 채로 그럴

듯한 말을 너무 많이 한다는 자각이 사회 초년생에게는
없었다. 일이 맞고 맞지 않고를 떠나서, 갑자기 침샘에
돌이 생겨버렸는데 신입사원인 나는 간단한 시술을 위한
병가조차 쓸 수 없었고 이는 퇴사로 이어졌다.

온라인 여행 서비스 회사의 콘텐츠 팀으로 이직한 후,
당시 나는 "남자친구 있어요?"라는 말에 없다고 답한
죗값으로 '여행을 가고 싶은 솔로들의 마음을 대변하는
여직원' 역을 얼결에 맡았다. '마지막으로 해본 데이트가
iOS 업데이트인 솔로들을 위하여' '드디어 결혼식이 없는
주말을 맞이한 당신의 자세' 같은 제목으로 여행뿐 아니라
넓게는 여가/취미 장소까지 포괄하는 콘텐츠를 양산해냈다.

한 해가 끝날 무렵, 내가 만든 수많은 콘텐츠들 중 자사
서비스의 가장 많은 남성 이용자가 열람한 콘텐츠가
있다는 영예를 안게 됐는데, 그 콘텐츠의 제목은 '절대 고백
받기 싫은 국내의 다섯 장소'였다. 신도림역, 명동, 이케아
광명점처럼 유동인구가 많은 곳에서 굳이 사랑을 외칠
필요는 없다는 요지의 글을 월 콘텐츠 할당량을 채우기
위해 썼는데 말 그대로 조회수가 터졌다. 시장의 반응이
오는 콘텐츠를 기획한 2년 차 직장인은 이런 일을 하기
위해 회사에 다니는 건 아니라고 생각했다.

그 이후로 내가 속한 조직들에서는 웹툰/웹소설 연재
플랫폼을, 인사관리 앱을, AR 맥주 리뷰 앱을, 향수 추천
알고리즘 서비스를 운영했고, 나는 때마다 각기 이름이
다른 브랜드의 온라인 채널에 발행할 콘텐츠를 기획하고
제작했다. 돌이켜보면 나는 온라인 세상이 이 세상의
전부라고 믿을 수밖에 없는 경로를 충실히 따라온 셈이다.
그러던 사이 내 안에는 디지털 포스팅 하나로 나비 효과를
바라는 건 무용하며, 아날로그한 일이 진짜-일이라는
믿음이 생기기도 했다. 그래서 향수 추천 알고리즘
회사에서는 마케팅(가짜-일)을 마친 후 하루에 수백 건씩
박스를 포장하는 택배 출고 작업(진짜-일)에 더 마음을
쏟았다.

　문화 행사를 기획하는 또 다른 회사에서는 참가자들에게
나눠줄 F&B 제품이나 적정 온도로 음료를 보존하기 위한
각얼음을 여기서 저기로 날랐다. 사옥이 없는 회사가
이사를 하게 되어 묵은 청소를 하고 짐을 옮길 때도 왜
그런지는 모르겠지만 지금 내가 진짜-일을 하고 있다고
여겼다. 어떤 조직에서 어떤 직무의 일을 하든, 업무 영역이
확실하게 구분되어 있지 않아도 나는 전혀 어려움을 느끼지
않았다. 아니, 어렵지 않다고 주문을 걸었는지도 모른다. 이

모든 허드렛일들이 미래에 쓰일 자산이라고 생각했는데,
내가 염두에 둔 미래란 '이 다음에 이직할 회사'였다.

지금 하는 일이 진짜-일로만 채워져 있지 않다는 판단은
늘 잡코리아, 사람인, 로켓펀치, 원티드 등의 채용 사이트에
나를 데려다놓았고, 나는 업력이 짧은 조직을 찾아내는
'가오픈 회사 헌터'가 되었다. 인터넷은 작동을 멈추지
않았고, 새로운 서비스들은 계속 생겨났으며, 그 사이에서
어떤 가능성을 맛본 창업자들은 일단 혼자 일하다가
팀을 꾸리기로 결심한 후 다가오는 구직자들에게 자신이
생각하는 미래에 대한 환상을 팔았다.

나는 그들에게 가서 이제 진짜-일을 하고 싶다고 말했다.
아직 내가 해왔던 일로 세상을 바꾸지 못한 게 아쉽다고,
스타트업 대표가 선호하는 문법을 갖춰 인터뷰에 임했다.
약간의 과장을 섞는 순간이 있더라도, 나머지는 진실에
가까웠다. 내가 이직을 멈추지 못했던 건, 헌 조직에서 새
조직으로 이동하기 직전에야 그때까지 내가 해온 일의
의미를 제대로 살펴볼 수 있었기 때문이다. 그건 일을 하는
동안에는 도무지 불가능했다.
오늘날의 나는 이렇게 끊어질 듯 기적적으로 이어져온
'건강보험 자격득실확인서' 조회 결과를 물끄러미

바라본다. 프리랜서가 된 이후로 5년 가까이 '지역세대원'으로서 갱신되지 않은 한없이 조용한 이 문서를. 물론, 이 공식 문서가 담지 못하는 일들도 있다. 고용인의 4대보험 적용을 받지 못하는 인턴이나 알바 같은 일들은 기록으로 남아 있지 않다.

한때는 휴가를 떠난 담당자를 대신해 외국계 기업 리셉션을 지키는 알바를 했다. 내가 해야 하는 일은 내방객 응대, 우편물 관리, 전화 응대, 출입증 관리 등을 하고 꽤나 쏠쏠한 시급을 받으면서, 그들이 말한 대로 "외국계 기업 분위기를 경험"해보는 것이었다. 네가 웃어야 바게트가 하나라도 더 팔린다며 사장으로부터 표정 관리를 당했던 프랜차이즈 빵집 알바. 기면증이 있는 학생이 나를 그 집에 들여보내줄 수 있도록 문 앞에서 전화로 깨우는 것부터 시작되었던 입시 과외. 증명할 기록으로 남지 않은 이런 일들은 그래서인지 나의 일 연대기에서는 그다지 깊은 인상을 남기지 않았다.

그럼, 그건 다 가짜였을까? 내가 하고 싶어 했던 진짜 일은 무엇이었을까?

3부

관
계

내향-외향

📇 작업의 기반이 되는 사회적 관계를 위해 끄고 켜는 법을 익혀야 하는 개인의 성향.

💬 '저 근데 요즘은 I랑 E랑 거의 반반이에요'라는 말을 하게 만드는 처세술의 출발점.

구구 많은 동료 작업자들이 외부 작업자 혹은 클라이언트와의 협업을 위해 이따금씩 내향(성)을 외향(성)으로 전환한다는 이야기를 했을 때, 그게 무슨 스위치도 아니고 가능한 일인가 했다. 그러나 프리랜서로 작업을 이어오는 동안 영업 역시 나의 소임이란 걸 깨달은 나는 다른 동료들과 마찬가지로 내향-외향을 번갈아 발현하는 자웅동체, 아니 자향동체가 되었다.

해인 그동안 관성적으로 내향인이라고 자기소개를 해왔다. 출생지와 성장 배경, 일주일 사이에도 몇 번이고 새로 고침 되는 관심사, 하루의 루틴과 근미래에 이루고 싶은 목표. 그보다는 "사실 저는 내향인이거든요"라는 한마디로 모든 게 설명되는 듯한 기분을 종종 느꼈다.

나 같은 부류는 합석을 싫어하고 일대일 대화를 선호하며, 집에 머무르면서 에너지를 충전한다. 이런 점을 상대가 숙지해준다면 우리 사이에는 영영 평화가 있을 것이다. 하지만 점점 나는 외향인을 향해 내가 원하는 정도의 사려 깊음을 바라는 일을 그만두었다. 내향인이 꽃길로 가는 지름길이란 '사회화된 내향인'이 되는 일이다.

노이즈 캔슬링 | noise canceling

🔖 작업시간이 되면 달팽이관에 생겨나는 조용하고 고독한 자기만의 방.

💬 아무 말이나 경청하지 않겠다는 의지를 노골적으로 보여주는 도구.

구구 작업에 적극적으로 뛰어들기 위해 작업자는 세계의 소음을 차단하고 노이즈 캔슬링이라는 방으로 진입한다. 먹먹하고 조용한 이 세계는 외부와의 단절을 의미하는 동시에 '내가 작업을 시작하겠다!'는 메시지를 전하는 방식이기도 하다. '각할모(각자 할 일 하는 모임)'를 위해 만난 동료들이 잠깐 마가 뜬 사이 주섬주섬 헤드폰을 꺼내어 들 때, 이제 작업을 할 시간이란 걸 눈치껏 알아채고 나 역시 노이즈 캔슬링 이어폰을 귀에 꽂는다. 우리는 그렇게 함께 있는 동시에 각자의 세계에 머물며 작업을 이어간다.

노이즈 캔슬링

해인 신입사원 때는 부재중인 상사의 전화를 대신 받고 메모를 남기는 일이 주요 업무 중 하나였다. 연차가 쌓이고 직무가 조정되면서 점점 유선 업무의 비율이 줄어들었고, 덕분에 음악을 들으며 신나게 일을 했다. 나는 가사가 있는 음악을 들으면서도 할 일을 곧잘 해내는 사람이었다. 그렇지만 줄 이어폰의 줄을 잘 정리해 머리카락으로 가리는 습관이 있었다. 시간이 흘러 줄 없는 이어폰이 출시되었고, 이는 이 세대와 저 세대를 가르는 상징으로 쓰이기 시작했다.

③ 관계

"에어팟을 꽂으면 집중이 되고 제 업무의 능률이 올라
갑니다."*

「SNL 코리아」 간판 코너 'MZ오피스'에는 에어팟을 꽂
고 일해야 집중이 된다고 당당하게 말하는 신입사원 김
아영이 있다. 어떻게 회사에 모자를 쓰고 오느냐고 생각
하는 기성세대라면 분명 에어팟을 끼고 일하는 김아영
을 보며 한 소리를 할 것이다. 그런데 여기서 커다랗고
은색으로 빛나는 노이즈 캔슬링 헤드폰을 끼고 있는 또
다른 신입사원 윤가이의 등장에 당황한 기색을 숨기지
못하는 김아영의 모습이 흥미롭다. 윤가이는 이렇게 해
야 패션이 완성되고 능률이 올라간다고 말하는 신인류
다.

코미디 쇼는 사회 초년생이 단지 음악을 듣는 도구로
부터 분리불안을 느끼는 걸 희화화하지만, 나는 어쩐지
윤가이의 마음을 알 것만 같다. 그가 노이즈 캔슬링 헤드
폰을 한순간도 내려놓지 못하는 건 "MZ스러운 아이디어
없어요?"**처럼 알맹이가 부실한 말을 최대한 덜 듣고
싶다는 욕망 때문은 아닐까?

* 쿠팡플레이 「SNL 코리아 시즌3」 (2022)
** 「[MZ윤 브이로그] 그니까 MZ가 뭔데요? | 회의하다 운 썰 | 회사에서 하
트시그널 찍기ㅋㅋ | 상석 뜻」 (유튜브 〈엄지렐라〉 2023. 6. 15.)

대중

🔲 누구도 예측 불가능한 벼락 같은 존재.

🔲 서로 끊임없이 영향을 받으면서도 하나의 공통점으로 묶이기 힘든 사람들.

구구 갑작스럽게 대중에게 바이럴되어 '끌올' '역주행' 등을 경험한 작업자들이 소셜미디어 계정을 만들어 감사를 표하는 일을 심심치 않게 목격한다. 이 경우 작업자는 감사의 인사를 전하며 영문을 모르겠다는 말과 함께 바이럴의 출발점이 되었을 불특정 귀인에 관한 궁금증을 내비치는데, 그도 그럴 것이 대중의 선택이란 느닷없이 찾아오기 때문이다.

인정에 목마른 작업자에게 대중의 선택이라는 사건은 언제나 중요한 목표가 된다. '꾸준히 하다 보면 언젠가 사랑을 받게 될지 모를' 작업물들이 도처에 존재하지만, 대중의 선택은 종종 뜻밖의 작업물로 향한다. 이때 대중의 주목을 받지 못한 특정 작업자를 응원하고 있던 팬들은 자신의 팬심을 드러내는 방식으로 대중의 취향 없음 또는 무지몽매함을 들어 대중을 깎아내리는데 작업자들은 이에 영합하지 않도록 주의해야 한다. 대중의 인정만큼이나 대중의 비난 역시 그 효과가 강력하기 때문이다.

작업이 작업 그 자체로 평가받는 시대는 이제 지났다. 작업자는 작업 전/후뿐 아니라 작업 바깥의 서사까지도 작업물에 포섭된다는 사실을 기억하며 언제 찾아올지 모를 대중이라는 손님을 맞을 준비를 항상 해야 한다.

대
중

^해_인 종종 뉴스레터 〈콘텐츠 로그〉를 '나이 들어가는 밀레니얼 여성의 콘텐츠 소비 경향을 보여주는 로 데이터(raw data)'라고 정의한다. 나는 수도권에 거주하는 30대 여성이고, 온오프라인 콘텐츠를 보기 위해 시간과 비용을 지불하며, 정기적으로 이것저것을 구독한다. 발행인이 누구인가를 드러내는 인구통계학적 정보를 처음부터 공개했던 건 아니었다. 언젠가부터 이 뉴스레터가 문화 콘텐츠를 소비하는 30대 여성의 관심이 어느 방향으로 향하는지 가늠해볼 수 있는 도구로 쓰여도 좋겠다는 바람이 생겼던 것뿐이다.

일관된 속성을 가지지 않은 무리를 만족시킬 방법을 고민하던 날들이 있었다. 고민 끝에 알게 된 건, 우리는 저마다 다른 것들을 바라보느라 비슷하게 바쁘다는 거였다. 어쩌면 나와 구독자들은 실제로 바쁘기도 하지만 공연히 바쁘다는 감각에 취해 있다는 것 말고는 아무런 공통점이랄 게 없는 듯했다.

우리는 누구인가? '대중'은 공통점이 별로 없는 사람들이다. 모두가 같은 콘텐츠를 보고 있는가는 더 이상 중요하지 않다. 다만 서로 다른 이야기와 창작자로부터 끊임없이 영향을 받고 있는 상태라면, 그런 우리를 '대중'이라 불러도 좋지 않을까?

③
관
계

돌봄

📑 작업을 완결짓기 위해 필요한 적극적인 끼어
들기의 과정.

🫘 퇴근이라는 개념이 없어서 무시무시한 일.

구구 세계는 계속해서 누군가의 돌봄에 의해 작동한다. 작업 역시 마찬가지다. 예컨대 작업자의 영역에서 빈번하게 이루어지는 작업 방식인 '협업'도 광범위한 돌봄의 범주에 속한다. 일이 '되게' 만드는 데에는 작업에 투입된 인원 중 누구도 소외되지 않도록 관찰하고, 개입하고, 독려하는 일이 필요하다. 이 과정에서 수행되는 도움이 바로 상호돌봄이다. 계속해서 함께 작업하는 상대의 안부를 물으며 몸과 마음을 챙기고, 작업 진행 상황을 공유하며 서로의 위치를 파악하는 전 과정이 돌봄의 수행인 것이다. 그러나 돌봄은 소프트 스킬(조직 내에서 커뮤니케이션, 협상, 팀워크, 리더십 등을 활성화할 수 있는 능력)과 마찬가지로 그 중요성을 인정받지 못한다.

해인 버락 오바마 전 대통령은 자신이 20대에 감명 깊게 읽은 스터즈 터클의 저서 『일: 누구나 하고 싶어하지만 모두들 하기 싫어하고 아무나 하지 못하는』(노승영 옮김 이매진 2007)에서 영감을 받아, 60대에 일에 관한 넷플릭스 다큐멘터리 「일: 우리가 온종일 하는 바로 그것」 (2023) 제작에 참여했다. 책과 마찬가지로 다큐멘터리 또한 다양한 분야에서 일하는 평범한 사람들을 만나 이야기를 듣는다.

다큐멘터리에서 가장 인상적인 인물은 흥겨운 랩을 하며 '앳 홈 케어'에 첫 출근을 하는 랜디다. 앳 홈 케어는 퇴역군인, 장애인, 요양원 대신 집에서 생활하려는 의지를 가진 65세 이상 노인 등을 대상으로 재택 간호 서비스를 제공한다. 랜디는 재택 요양 분야에서 일해본 경험이 없지만, 언젠가 자신 또한 늙을 것이기에 누군가를 돌보는 건 자연스럽고 이를 '일'이라고 생각하지는 않는다고 말한다. 그는 일터에서는 노인을 돌보고, 퇴근한 이후에는 초등학생인 딸을 돌보며, 이 일에 무탈히 정착하기 위해 관리자의 돌봄을 받는다. 그러나 이 삼각형의 관계망 안에서는 이편을 돌보다가 저편을 돌보지 못하게 되는 아이러니가 발생한다.

랜디가 결국 육아와 일을 병행하기에 힘에 부쳐 일을 그만두는 걸 볼 때면, 미국의 뉴미디어 「Vox」의 선임기자 애나 노스가 정의한 "이상적인 노동자는 여전히 가급적 가족에 대한 의무가 없는 노동자다"*라는 말에 마지못해 고개를 끄덕이게 된다.

* "The Problem Is Work" (「Vox」 2021. 3. 15.)

동료

▢ 친구가 없어진 자리를 채운 새로운 종족.

◎ 말로는 느슨함을 추구한다고 하지만 충분히 끈끈하지 못해서 서로에게 실망을 안겨주는 존재.

구구 연차가 쌓이고, 새로운 사람을 만날 기회가 직무 영역에 한정되면서 친구라는 말보다 동료라는 말로 맺는 관계가 많아졌다. 동료를 친구의 대체어로 사용하는 사람도 많겠지만, 친구라고 여겼던 사람이 '동료'라는 말로 나를 소개할 때 조금 서운하기도 했다. 우리가 일로 맺어진 사이라고 선을 긋는 것 같았기 때문이다. 그러다 시간이 지나면서 각자 정의하는 바가 달라 그 의미가 모호한 '우정'이라는 관계성보다 일이라는 확실하고 뚜렷한 매개를 지닌, 잘만 하면 서로에게 도움을 줄 수 있는 속성을 가진 관계가 오히려 만남을 지속하기에 유리하다는 생각이 들었다.

각자의 상황에 따라 그 의미가 시시각각 바뀌는 우정 관계는 이제 극히 일부만 남았다. 일 역시 시대에 따라, 산업구조의 변동에 따라 달라지겠지만 고유한 특성은 달라지지 않는다. 그러니 우리가 서로에게 곁을 내주는 좋은 방법은 친구라는 규정보다는 동료라는 적당히 산뜻한 이름표를 달아주는 일일지도 모른다.

해인 비지니스 사상가 데이비드 버커스는 『친구의 친구』(장진원 옮김 한국경제신문 2019)에서 인적 네트워크를 강한 유대관계, 약한 유대관계, 휴면 상태의 유대관계까지 총 세 유형으로 나눈다.

흥미로운 건 한때 강했다가 현재는 약해진 관계를 지칭하는 '휴면 상태의 유대관계'다. 이는 회원 가입을 해놓은 수많은 사이트들을 연상시킨다. 대부분의 서비스는 1년 이상 로그인하지 않은 아이디를 휴면 계정으로 전환한다. 한때 그 회원이 우리 서비스에서 얼마나 활발하게 활동했는가, 또는 얼마나 돈을 많이 썼는가와는 무관하다. 데이비드는 두 사람 또한 현재 얼마나 연결되어 있는지를 기준으로 삼는데, 이중에서도 휴면 상태의 유대관계가 가진 힘을 강조하고 그 관계를 다시 살려놓는 편이 낫다고 권유한다.

특별한 계기 없이 서서히 멀어진 동료와의 관계를 되살리기는 말처럼 쉽지는 않다. 어쩌면 우리는 일을 하자고 만났지만 서로를 향한 기대치라든가 관계에 임하는 온도가 달라서, 그 일이 끝나자마자 멀어진 것일 수도 있다. 일보다 사람이 어렵다는 말을 할 때, 그 토로는 부조리한 상사나 악덕한 거래처 직원만을 향하지 않는다. 좋아하는 동료와의 관계가 때로는 더 어렵다.

롤 모델	role model

🔲 대중의 평가라는 가혹한 관문을 우수하게 통과해 합격 목걸이를 목에 건 사람만이 들을 수 있는 칭호.

🔘 살아 있는 사람을 향해 쓰려거든 리스크를 감수해야 하는 말.

구구 나라를 구하기 위해 목숨을 바친 위인이 되어야 롤 모델의 자격이 주어졌던 과거와 달리, 오늘날에는 매일 꾸준히 성장하고 새로운 것을 알아가는 데 주저하지 않는 어른이 새로운 롤 모델로 각광받는다. 자기 자신을 내던지기보다 선명한 가치관을 갖고, 스스로를 잘 돌볼 줄 아는 '건강한' 사람이 존경받는 어른이 된 것이다. 업적보다는 가치관이, 성취보다는 라이프 스타일이 롤 모델을 선정하는 새로운 기준이 됐다.

최근 만난 동료 작업자들에게 롤 모델을 물으니, 모두가 입을 모아 비보의 '송쎄오(CEO 송은이)'와 코미디언 장도연을 꼽았다. 두 사람은 일과 공부, 취미까지도 놓치지 않고 즐기며, 열린 자세로 주변 사람들과 고루 잘 지내는 갓생의 대표주자다.

주목할 만한 점은 어떠한 요소에서도 탈락되지 않은 사람만이 롤 모델의 전당에 오를 수 있다는 사실이다. 일, 공부, 운동, 취미, 관계, 가치관 등 소위 '갓생러'라면 갖추고 있을 빼곡한 체크리스트를 전부 통과해야만 롤 모델이 될 수 있는 현실은 무수히 많은 나, 그중에서도 때 빼고 광낸 나를 드러내야만 인정받을 수 있는 작업자들의 현실과 멀지 않은 것 같아 씁쓸하다.

해인 자율주행 자동차, 우주탐사, 태양에너지 분야에서 두루 혁신을 이루며 사회 인프라 전반에 막대한 영향력을 끼친 일론 머스크가 나와 동일한 MBTI의 소유자라는 사실은 늘 나를 긴장하게 한다. 2022년, 트위터를 인수한 이후로 그의 괴짜 같은 리더십이 그의 팀원들과 언론에 의해 폭로되면서 그동안 그를 롤 모델 삼았던 이들(아마도 높은 확률로 국내외 테크 업계 리더들)은 자신의 말을 주워 담고 싶었겠지.

애초에 살아있는 사람을 롤 모델 삼는 일은 얼마간의 위험을 담보하는 일인지도 모른다. 내가 존경하는 사람에게 부와 명예가 주어졌을 때 그가 어떻게 역변할지 알 수 없는 노릇이기에. 그렇다고 위인전 전집 라인업에 이름이 포함된, 이미 죽은 사람을 정신적인 멘토 삼는 일 또한 언제나 안전하지는 않다. 과학 전문기자 룰루 밀러의 『물고기는 존재하지 않는다』(정지인 옮김 곰출판 2021)는 '과학적 모험담'으로 불리지만, 저자가 자신의 롤 모델이 바뀌는 과정을 뼈아프게 겪어내는 이야기로도 읽힌다.

바이오   bio

🗂 구독자나 구매자를 위한 자기 – 한 줄 평. 그 시대의 유행을 크게 반영하는 대표적인 문장.

💬 잠재 클라이언트가 스크롤을 내리는 수고를 하지 않고도 내가 어떤 작업자인지 바로 파악할 수 있도록 성의 있게 꾸려놓은 곳.

바이오에 따라 다음과 같이 분류 가능하다.

자본친화형 상품 그 자체가 되어버린 사람의 바이오
유형. 마켓형이 개별 상품을 판매하는
데 주력한다면 자본친화형은 자기
자신을 판매하는 데 집중한다. '퍼스널
브랜딩'이라 불리는 SNS 문법에 충실하며
동시에 여러 일을 하고 있어 '링크트리'나
'리틀리'를 사용한다.

자부심형 자신이 속한 조직에 자부심을 느끼고
있는 유형. 자본친화형이 자기 일을
만들어나가는 사람들이라면 자부심형은
조직의 일을 대리하는 사람들이다.
그러나 최근 자부심형이 자기 일을 하는
경우가 늘어나면서 자본친화형과 혼합된
모습으로 자주 나타난다. 직접적인
조직명을 언급하거나 조직이 위치한
지역(판교, 파주 등)을 언급한다는 특징이
있으며, 누구나 알 법한 직장을 다니지
않는 사람은 자부심형 바이오를 작성할 수
없다.

마켓형 자신 외의 상품을 판매하는 사람.
타 SNS에서 자주 조롱의 대상이 된다.
손을 모으고 있는 이모지를 즐겨
사용한다는 특징이 있다.

4차원형	'코미디언' '가정부 및 집사' '음악가/밴드' 등 실제 직업과 무관한 카테고리를 설정해두는 사람들이다.
장래희망형	목표나 꿈을 적어두는 유형. 취업 준비를 하거나 공부를 하는 사람에게서 자주 발견된다. 동일한 꿈과 목표를 가진 사람과만 맞팔한다.
활동가형	자신의 가치관과 신념이 담긴 활동명을 적고, 후원하고 있거나 좋아하는 단체명을 기재한다.

(해인) 작업자의 바이오에는 느슨하게 소속된 집단과 모임들, 포트폴리오용 부계정이 태깅되어 있다. 최근에는 대표 작업물에 관해 포스팅해둔 상단 고정 게시물 3개까지 바이오에 포함해야 한다는 게 정설이다. 물론 바이오 영역을 빈칸으로 두거나, 상단 고정 게시물 기능을 활용하지 않는 사람도 있다. 자신이 누구인지를 정확히 설명하고 싶은 욕구 때문에 차라리 아무것도 드러내지 않기를 택한 쪽으로 해석된다. 그가 일에 연연하는 중인지, 아니면 초월한 상태인지에 관해 바이오는 많은 것들을 말해준다.

불안

🗂 흔들리는 버스 안에서 발뒤꿈치를 들고 서 있을 때와 같이 이리저리 요동치는 몸과 마음을 감각하게 되는 감정 혹은 상태.

💭 더 빠르게 이 모든 것들을 해낼 수 있었다면서, 정시에 임무를 마친 작업자의 보람과 뿌듯함을 갉아먹는 것.

구구 생존에 대한 위협을 느끼는 순간 작동하는 심리적 기제로, 작업자들에게는 문득 찾아오는 '미래 없음'에 대한 걱정의 결과다.

그렇다면 불안이 문득 찾아오는 순간은 어떤 순간일까? 파스칼은 불안을 "노골적으로 드러난 지루함"*이라고 설명한다. 오락을 빼앗긴 인간은 지루한 상황에 놓이게 되면서 "자신을 올바로 살피지도 않고 자신은 아무것도 아님을 경험"**하기 때문에 여러 부정적인 감정("지루함, 암울함, 슬픔, 고통, 짜증 그리고 불안")에 "속절없이 내맡겨진다"***.

이를 최근 많은 이들이 문제적이라고 진단하는 '도파민'과 연결하여 이해해보면 어떨까. 지루함은 곧 '나'라는 웅크린 자아를 발견하게 만든다. '나'를 직시한다는 건 '나'라는 사람과 연결된 모든 시간과 장소, 인물, 사건을 구체화하는 일이다. 이때 '나'는 실패한 과거의 속절없음, 현재의 불안, 그려지지 않는 미래에 대한 좌절감, 삶의 의미를 찾는 데 실패했다는 허망함을 마주한다. 이 과정은 불안을 증폭시키기 때문에 현대인은 필사적으로

* 헤르베르트 플뤼게 『아픔에 대하여』 김희상 옮김 돌베개 2017, 20쪽
** 같은 책, 23~24쪽
*** 같은 책, 24쪽

불안

③
관계

'도파민에 중독되었다'고 일컬어지는 일체의 행동을 통해 지루함을 회피한다. 현대인에게 릴스, 쇼츠와 같은 숏폼 콘텐츠나 소셜미디어는 의미 없는 오락이기보다 불안으로부터 도망치기 위한 무의식적 도구로 활용되는 셈이다.

불안을 해소하기 위해서는 나의 불안이 사회적 맥락 안에서 구성되었음을 잊지 않아야 한다. 불안은 오로지 나로부터 파생되는 개인적인 감정이 아니라, 우리가 놓인 여러 맥락 안에서 구성되는 사회적 조형물이다. 지루함이 '나'를 마주하게 만들기 때문에 내 삶이 불행해진다면, 그래서 내가 10분 뒤면 까먹을 자극들에 몰두하게 된 거라면 그 시선을 사회로 돌려보면 어떨까. 도파민 중독을 이겨내는 방법은 휴대폰을 멀리하는 것이 아니라 사회의 다양한 문제들에 관심을 갖는 일인지도 모른다.

(해인) 어느 날 홈페이지를 만들기 위해 간단한 코딩을 배워보려고 했다. 코딩 교육 프로그램 판매처에서 커리큘럼을 살펴보니, 요즘의 커리어 시장은 업무 역량이 계단식으로 성장한다는 걸 알고도 계단의 평평한 면을 밟고 있는 상태를 참기 어려워하는 사람들을 대상으로 운영되

는 듯했다. 빠른 시일 내에 그럴듯한 결과물을 낼 수 있다고, 30일 만에, 일주일 만에, 아니 48시간만 꼬박 투자하면 더 많은 기회가 주어질 거라 말하고 있었다. 작업자는 언제나 시간이 없기 때문에, 시간을 아껴준다는 메시지 앞에서는 취약해진다.

그런 와중에 마주한 모니터에서는 "늦었다고 생각할 때가 가장 빠른 때입니다"라는 글자가 못생기고 두꺼운 서체로 쓰여 있다. 이는 분야를 막론하고 상품과 서비스를 팔아야 하는 마케터가 더 이상 할 말이 없을 때 최후의 수단으로 동원하는 단골 멘트다. 지금 결제하면 바로 성장할 수 있다는 유혹은 강력하다. 결정을 내리든 내리지 못하든, 크고 작은 선택의 과정에서 불안은 늘 작업자와 함께한다.

선생님

🗂 유명하고 범접하기 어려운 협업 상대를 높여 부르는 최상위급 존칭.

💬 '장유유서' 문화권에 속해 있는 동양인 작업자의 입버릇.

구구 선생님이라는 표현 안에는 작업자와 그의 작업물에 대한 존경심이 담겨 있으나 모두에게 일괄적으로 그 호칭이 적용되지는 않는다는 점은 눈여겨볼 만하다. 얼마 전 참여했던 한 대담회의 진행자는 네 명의 패널 중 두 명은 '선생님'으로, 나머지 두 명은 '연구자'로 칭했다. 기준을 알 수 없는 구분 때문에 왠지 해당 호칭으로 불린 사람보다 부른 사람에게 시선이 향했다.

왜 우리는 '선생님' '~님'과 같은 호칭 구분을 둘까? 작업 영역에서는 어떤 사람이 '선생님'이 될까? 출판계와 콘텐츠 업계에서는 작가를 비롯해 직무(기획자, 마케터 등)만으로 그에 대한 존경심과 존중감을 표현하기 어려울 때 '선생님'이라는 호칭을 쓴다. 단어의 기존 쓰임 대로 중장년층 작가를 뜻하는 말이기도 하지만, 연신 어려운 말을 뱉어 내며 학계 내에서의 권위를 확인하려 드는 식자층, 너무 유명해서 상대하기에 조심스러운 인플루언서, 분야를 넘나드는 여러 (성공적인) 이력을 가진 사람 등 작업자를 구분하는 무수히 많은 층위 속 우위를 점하고 있는 사람에게도 자주 쓰인다.

작업자가 생산해 내는 작업물이 영향력과 상업성을 지닌 동시에 엘리트성을 담보할 때 선생님이라는 호칭은 모두가 납득 가능한 칭호가 된다. 이 때문에 선생님이라

는 단어는, 작업자 간의 위계를 만들어 내며 자본주의와
엘리트주의가 결합된 새로운 신분을 탄생시킨다.

(해인) "근데 얻다 대고 반말이야!"는 한국 드라마와 영화
에서 마주할 수 있는 대표적인 클리셰다. 일단 말을 높이
고 보는 게 대부분의 상황에서 안전하게 먹힌다.

나는 '이름+님'으로 불릴 때 상호 간에 가장 담백하게
업무 진행이 이루어진다고 생각한다. 직책(과장님, 감독
님)을 모두 떼고 상대방의 이름을 부르고 싶다. 그러나
같이 일하는 사람들 사이에서 어느 정도가 서로를 향한
존중을 적당히 드러내는지에 관한 기준점은 좀처럼 정
해지지 않는다.

그러다 보니 어떤 업계에서는 전문 지식을, 또는 삶의
지혜를 가르친 적이 없는데도 나는 누군가의 '선생님'이
되고 만다. 그 말을 듣고 있는 건 너무나 간지러운 일이
다. 스승의 날에 제게 안부 인사를 물어오실 것이 아니라
면, 부디 저를 선생님이라 부르지 말아주시면 감사하겠
습니다만.

애매한 호칭 문제에 에너지를 쓰는 사람들을 위해 철
학자 이성민은 '이름 호칭+반말'로 구성된 '평어' 쓰기를

선생님

제안한다. "선후배나 형아우 호칭은 수직적 호칭이면서도 또한 친밀성을 내포하는 호칭"*이지만, 모두가 그런 말을 편하게 사용할 수 있는 건 아니다. 보다 더 담백하고 더 수평적인 관계를 꿈꾸는 작업자들을 모아서 언젠가는 평어를 실험해보고 싶다.

* 이성민 『말 놓을 용기』 민음사 2023, 67쪽

선
생
님

③
관
계

수정사항

🗂 클라이언트와 작업자가 필요와 비용으로 맞서는 자본주의판 창과 방패.

💭 돈이 되는 남의 작업 말고 돈이 안 되는 내 작업만 하고 싶다고 마음 먹게 만드는 계기.

[구구] 작업물의 수정을 원하지만 추가 수정에 따른 비용을 지불할 의사가 없는 클라이언트는 '수정사항' 대신 '보완'이라는 애매한 언어를 사용한다. 작업물에 확신을 갖지 못한 작업자는 이 말에 속아 끝도 없이 수정해줘야 하는 상황에 놓일 수 있으므로 사전에 수정 횟수를 합의하고 작업을 진행하는 편이 좋다.

클라이언트가 요구하는 수정사항은 대체로 추상적이고 모호한 형태로 발화된다. 이중 최악은 '뉘앙스'나 '분위기' 같은 이른바 조온습(조명, 온도, 습도) 스타일의 단어를 피드백 단계에서 사용하는 경우로, 주로 디자인 문법의 이해도가 떨어지는 클라이언트에게서 자주 발견된다.

[해인] 나는 마케팅 대행사에서 일하면서, 데스크탑에 파일을 저장할 때 함부로 '최종'이라는 용어를 포함해서는 안 된다는 걸 알게 됐다. 곧 5차 수정사항을 반영한 '최종진짜최종'과 6차 수정사항을 반영한 '최종진짜최종이게찐막' 파일이 생기기 때문이다. 클라이언트에게 메일을 보내기 전에 도떼기 시장 같은 데스크탑에서 파일을 찾을 자신이 없던 나는 '최근 사용일'순으로 파일들을 정렬

③
관계

한 후 시간순으로 가장 최근에 업데이트된 파일을 첨부했다. 그러니까 애초에 파일명 같은 건 중요하지 않았다(물론 메일을 보내기 전에는 대외적으로 문제가 없게끔 파일명을 수정한다. '최종'이라는 말을 삭제하고 오늘의 날짜를 넣는 식으로).

과거의 안일한 의사결정을 번복함으로써 모든 걸 처음으로 되돌려놓는 클라이언트는 작업자의 사기를 꺾는다. 정확히 원하는 게 무엇인지 모르는 상대로부터 거듭된 수정 요청을 받다 보면, 혼자 일할 궁리를 하게 된다.

스몰 토크 | small talk

🗂 일을 진행시키는 데 중요한 역할을 하는 첫인상을 위한 노동의 일부.

💬 날씨, 주말 안부, 아침 및 점심 식사 섭취 여부, 어제 본 유튜브 같은 무작위 이야깃거리를 아우르는 행위.

구구 최재천 교수의 유튜브 채널에 출연한 강형욱 동물 훈련사는 "스몰 토크가 있는 나라의 개들은 다르다"*며 보호자들이 스스럼없이 대화를 나누기 때문에 개들도 서로 경계를 하지 않는다고 말한다. 반면 스몰 토크에 익숙하지 않은 한국의 경우, 낯선 이들과의 관계에 불안을 느끼는 사람의 감정이 개에게 고스란히 전해져 개들 역시 다른 개를 경계하게 되는 사례가 많다. 그는 개의 모습을 통해 사회의 단면과 그 사회에 속한 인간 군상을 가늠할 수 있다고 덧붙인다.

　그러나 일을 따내야 하는 작업자들에게 경계와 불안은 사치다. 내성적인 나는 프리랜서를 시작할 무렵, 대화를 주도할 클라이언트를 기대하며 입을 다물고 있던 스스로를 자주 책망했다. 만약 내가 좀 더 능숙하게 대화를 했더라면 일의 결과는 달라졌을까 하는 후회가 잦았다. 나는 유튜브에서 '스몰 토크' 몇 가지를 익혔고, 이를 여유롭게 뱉는 훈련을 했다. 그중에서 특히 어려운 건 치고 빠지는 기술이었다. 흥미로운 주제가 나오면 1절에서 그칠 줄 모르고 2절, 3절까지 해야 직성이 풀리는 오타쿠인 나에게 가벼운 주제를 적당한 선에서 치고 빠지는 건 너

*「상식이 무너진 사회, 세상에 무개념이 많아진 이유 / 진화한국 1화, 연말특집, 강형욱, 라라, 서경석, 최인철」(〈최재천의 아마존〉 2023. 12. 7.)

무 어려웠다.

상대도 내성적인 경우에는 더 힘들었다. 능숙한 연기를 수행하며 (미소와 살짝 질린다는 표정이 뒤섞인 얼굴과 너무 심각하지 않은 톤으로) "오늘 날씨 진짜 춥네요"라고 던졌을 때 "그러게요. 진짜 춥네요"라는 답이 돌아오면 그 다음 대화를 어떻게 이어가야 할지 도무지 감이 오지 않았다.

많은 작업자들이 스몰 토크를 어려워하는 이유는 뭘까. 대화라기보다는 일에 대한 평가에 반영되는 과정이 되기 때문은 아닐까. 일의 영역이 아닌 것조차 일의 영역으로 끌어와 평가하는 악질적인 문화가 우리 사회에 만연하다. 스몰 토크를 서로의 유능함을 판단하는 지표로 삼기보다 서로를 알아보고 관계를 형성하는 연결의 기술로 이해하는 한국사회를 보고 싶다.

(핵인) 일을 하러 만난 사람끼리는 일 얘기만 나누는 게 효율적이라고 여기는 사람은 때때로 괴롭다. 과연 스몰 토크는 빅 토크(혹은 '진짜 대화 같은 대화'라든가 '오늘 꼭 이야기해야 하는 주제')의 필수 전제 조건인가? 아니면, 과감히 생략할 수 있는가?

타인에게 진짜로 궁금하지 않은 것을 묻고 있는 스스로의 노력이 가상해질 때, 돌연히 기계적으로 대화 소재를 발굴해야 한다는 의지가 솟아난다. 타인을 진심으로 궁금해하는 사람이 되기보다 물꼬를 트는 역할 모델을 수행하기 자체가 중요한 미션이 되는 사회이기 때문이다. 정말로 할 말이 없어지는 상황을 대비하고 싶은 이들은 틈틈이 상황별, 소재별 스몰 토크 모음집 같은 실용 콘텐츠들을 열람하며 마음의 안정을 취한다.

회의를 시작하기 전에 종교, 사생활, 외모에 대한 이야기로 입을 뻥긋해도 괜찮을지는 한 번만 더 생각해보는 게 좋다. 무엇을 말해야 하는가 만큼이나 무엇을 말하지 말아야 하는가를 아는 게 새 시대의 교양이다. 그런 것들을 빼고도 우리가 나눌 수 있는 이야기는 아주 많이 남아 있다.

실수

📑 스스로 인정하는 일도, 타인의 인정과 배려를 구하는 일도 쉽지 않은, 한국인이 가장 기피하는 단어.

💬 웃으며 돌아볼 수 있는 무용담 1가지와 아무에게도 말하지 못한 99가지를 모은 것.

구구 실패는 성공을 위해 권장되지만, 비교적 수습이 쉬운 실수조차 단 한 차례만으로 평판에 큰 영향을 준다는 것은 놀라운 아이러니다. 우리는 실수를 저지른 사람의 잘잘못을 따져 묻기보다 실수를 대하는 사람과 사회의 엄격하고 날선 태도에 주목할 필요가 있다.

사회생활을 시작하고 내가 처음 저질렀던 실수는 '복사'였다. 미팅 전 함께 볼 자료를 몇 부 출력해오라는 사수의 말에 자신만만하게 복사기로 향했던 나는, 입사하고 며칠 지나지 않아 다른 모델로 바뀐 복사기를 발견했다. '복사기가 거기서 거기'라는 마음과 달리, 눈에 띄게 성능이 좋아진 복사기 앞에서 '사수한테 다시 물어봐야 돼'의 마음과 '다시 물어봤다가 혼나면 어떡해'의 마음이 부딪혔고, 결국 혼자 처리해보기로 결심하는 첫 번째 실수를 저질렀다. 연이어 가로와 세로가 뒤바뀐 인쇄물이 너무 많이 출력되는 두 번째 실수를 저질렀다. 미팅 시간이 다가와 어쩔 수 없이 엉망인 출력물을 한 무더기 가지고 고개를 푹 숙인 채 사수에게 갔다. 사수는 당황한 얼굴로 이게 어떻게 된 일이냐고 물었지만 나는 아무 대답도 할 수 없었다.

사수는 재빨리 다시 출력해온 다음, 발을 동동 구르고 있던 내게 이렇게 말했다.

실수

"사람이 하는 일에 실수가 생기는 건 어쩔 수 없는 거야. 너무 주눅 들지 마. 대신 다음부터 도움이 필요하면 나한테 꼭 얘기해줘."

나는 그 이후에도 크고 작은 실수를 저질렀지만, 사수의 너그러운 말 덕분에 무언가를 묻고, 도움을 청하고, 실행하는 데 대한 두려움은 사라졌다.

많은 사람들이 실수와 생산성을 전혀 무관한 단어로 생각하지만, 사실 두 단어는 반대말이 아니라 상생하는 단어다. 내 경우만 보더라도 그렇다. 생산을 위해선 우선 실수를 해도 된다는 안전지대를 마련해주는 일이 필요하다.

해인 메일을 보내고 나서 첨부파일이 실수로 누락되었음을 깨닫고 바로 다시 메일을 보내는 것과는 차원이 다른 정도의 건수가 일의 세계에서는 벌어진다. 일을 잘하는 사람이란, 절대로 실수를 저지르지 않는 사람이 아니라 자신의 실수를 제때 바로잡는 사람이다. 많은 작업자들이 남에게 민폐를 끼치고 싶지 않다는 감각 때문에, 어떻게든 자기 힘으로 수습을 하려고 애쓰다가 더 큰 재앙을 초래한다. 옆에 있는 사람에게 실수를 이실직고해야 하는 골든타임을 기꺼이 놓친다. 나중에 스스로를 원망하는 한이 있더라도.

일을 하면서 저지른 크고 작은 잘못들을 맨정신으로 고하기란 누구에게나 어렵다. 나도 TV 리모콘을 냉장고에 넣어두는 그런 괴상한 종류의 실수를 저질러왔다고만 해둘까. 그럴 땐 "제가 냉장 전용 리모콘을 개발했습니다"고 우기고 싶은 심정이 잠시 들지만, 얼른 정신을 차리고 그걸 제자리에 가져다놓으면 된다.

실
수

외로움

📑 엔딩 크레딧이 올라간 뒤, 방금 본 영화 이
야기를 나눌 사람이 없어 쓸쓸해진 극장의 마
지막 손님과 같은 마음.

💭 다도해에서 살아가는 작업자들이 자기만
의 섬을 수호하며 느끼는 감정.

구구 씻지 않은 몰골로 누워 인스타그램 피드를 내리다 보면, 일과 삶을 전력을 다해 사랑하며 긍정의 메시지를 발산하는 작업자들 사이에서 초라함과 외로움을 느낄 때가 있다. 대체로 그들은 실패나 어려움을 겪어도 이를 건강하게 회고하며 새로운 일을 도모하는 동력으로 삼고, 성공한 일에는 자신보다 주변 동료들을 치켜세우며 몸을 낮춘다. 계속해서 작업거리가 생기는 매일매일에 감사하며 평범하면서도 특별할 내일을 기다리는 그들 사이에서 나는 내가 몸 담고 있는 업계와 그들이 만들어낸 문화, 그리고 잠자는 시간까지 줄여가며 해내고 있지만 그에 맞는 대가를 받지 못하는 작업들에 대해 징징거리고, 짜증 내고, 소리 지르며 불만을 털어놓고 싶다는 충동에 휩싸인다.

이 업계가 얼마나 돈을 짜게 주는지, 협업이라는 이름으로 얼마나 많은 클라이언트들이 프리랜서를 착취하고 있는지, 메일을 읽고 답장을 보내는 과정에 투입되는 시간은 왜 없는 셈 치는지 토로하며 불가능한 혁명을 말하고 싶다. 생존의 바람 앞에서 긍정의 마음도, 겸양의 태도도 모두 얼마나 쉽게 꺼지는 불씨인지 이야기하고 싶다. 하지만 나는 나의 이러한 욕망이 나를 상품으로 포장하고 판매하는 데 전혀 도움이 되지 않는 걸 안다. 성공한 작품의 엔딩 크레딧에는 박수갈채가 끊이지 않으며 계속해서 사람이 모이지만, 팔리지 않은 작업물에는 텅 빈 객석과 투덜거리는 작업자만 남을 뿐이다.

해인 1인 작업자는 "어떻게 그 많은 일들을 혼자 다 하세요? 정말 대단하세요"라는 말을 들을 때 조용히 자기분열을 겪는다. 그렇지 않다고, 보이는 게 전부가 아니라고 반박하고 싶기 때문이다. 외로움이 없는 것처럼 행동하고 일하다가, 비슷하게 혼자서 일하는 사람들과 연결될 수 있는 행사를 신청해놓고도 과로 또는 그에 따른 컨디션 저하 때문에 어쩔 수 없이 불참하게 된다. 이후, 실시간으로 연결을 즐거워하는 듯한 사람들이 모인 현장 스케치 사진이나 후기 포스팅이 업로드 되는 걸 바라보며 또다시 예기치 않은 고립감에 처한다.

1인 작업자는 삶이 끊임없이 업무 모드로 작동되어야 한다는 명제 앞에서 괴롭지만, 일시정지 버튼을 누르고 참석한 만남의 자리에서 과연 연결감이 충분한 보상이 될지 확신하지 못한다. 그런 식으로 혼자 번뇌하며 혼자 해소하는 상황이 반복된다. 가끔은 나와 당신이 너무나 섬 같아서 서로 문제를 선박 거래 한다는 인상을 받으면

외
로
움

③
관
계

서. 우리는 나의 초조함을 수출한 대가로, 상대의 불안을 수입하는 사이다. 경제학자 노리나 허츠는 이러한 상황을 "자기만의 디지털 프라이버시 고치"*가 만들어지는 상황에 빗대어 말한다. 그러나 우리는 섬 끝자락에 고치를 벗어두고 더 넓은 세계로 건너가야 한다. 다채로운 방식으로 생존하고 있는 작업자들의 영토를 향해서.

외
로
움

* 노리나 허츠 『고립의 시대』 홍정인 옮김 웅진지식하우스 2021, 105쪽

의사결정권자-실무자

📇 100명의 일 잘하는 실무자가 있어도 한 명의 일 못하는 의사결정권자에 의해 배가 산으로 가기도 한다는, 업계인들이 쉬쉬하는 진실.

💭 전자는 하나만 겨우 잘하는 사람. 후자는 대부분을 잘하게 되어버린 사람.

구구 조직이 작동하는 원리를 알고 있는 조직 밖 작업자이자 의사결정과 실무 모두를 담당하고 있는 1인 작업자로서, 클라이언트의 실무와 의사결정권한이 나누어져 있다는 사실은 나를 갈등하게 만든다.

가령 실무자와의 커뮤니케이션이 원활하지 않고 작업이 진척되지 않을 땐 의사결정권자의 흑막이 도사리고 있는 경우가 많은데, 그러한 사정을 알면서도 매번 의사결정권자에게 컨펌을 받아야 하는 상대 실무자에게 답답함을 느끼기도 한다. 조직에 속한 실무자가 그 무엇도 결정할 수 없다는 점을 잘 알고 있기에 직접적인 불만을 드러낼 수는 없지만, 주고받아야 할 메일이 늘어갈수록 나의 노동력과 비용이 소모되니 내내 불편한 것 역시 사실이다.

의사결정권자가 우유부단하지 않고 목표와 방향성을 명확히 가지고 있는 사람일 때, 일은 한결 수월해지고 작업자 역시 여러 감정과 비용을 절약할 수 있다. 그러나 이러한 사실은 언제나 실무자 사이에서만 공유된다. 이 점이 나를 또 고달프게 만든다.

(해인) 고유명사가 잘 생각이 나지 않는다고 말하는 그는 의사결정권자다. 같은 말만 줄곧 반복하거나, 새로운 이야기를 시작하면서 단어가 떠오르지 않는 현상을 두고 얼마든지 나이 탓을 할 수도 있다. 중요한 의사결정을 내릴 수 있는 권한은 대개 나이 든 이에게 주어지므로. 하지만 의사결정권자가 원하는 게 정확하다면야 그게 무엇인지 떠올리는 데에 그렇게까지 많은 시간을 쓸 리가 없다.

미팅을 하다 보면 각종 미사여구만 늘어놓을 뿐 자신이 하고 싶은 말을 적절히 문서화할 능력은 없는 상사가 있고, 그를 보좌하기 위해 옆에서 익숙하게 거드는 실무자를 적잖이 보게 된다. 그는 스무고개를 건네면서 상사의 뇌와 자신의 뇌를 동기화시킨다. 너무나 많은 실무자들이 알아서 잘, 눈치껏, 요령 있게 의사결정권자의 머릿속에 든 그림의 윤곽을 잡아나간다.

인공지능

🗐 인간만이 할 수 있는 작업이 있다고 믿으며 흐린 눈으로 외면하게 되는 미래의 위협.

🗩 멈추지 않고 업데이트되면서 작업자에게 초조함을 안겨주는 뉴스 카테고리.

구구 친구가 그림 몇 장을 보여주며 이중 AI가 그린 그림을 골라보라고 말했다. 나는 신중하게 살핀 뒤 그중 일부를 가리켰다. 그러자 친구는 자신이 보여준 그림이 전부 AI의 작품이라고 이야기했다. 나는 내게 갑작스레 침습한 두려움에 당황했는데, AI 그림도 구분 못하는 나 같은 인간이야말로 별다른 반발심과 문제의식도 없이 AI 시대에 가장 먼저 적응할 것 같다는 막연한 예감 때문이었다.

아침에 일어나 정수기에게 날씨를 묻고, 인공지능 스피커에게 라디오를 틀어달라고 요청하고, 음성으로 모션커튼을 펼치는 일상은 지금도 익숙하게 반복된다. 작업자가 노동력을 투입해 그린 그림과 AI 그림을 구분 못하는 스스로에게 몹시 실망하면서도, 인공지능에게 삶의 일부를 외주 맡기는 일을 세련된 삶의 방식이라 여긴다. 종종 나를 편안하게 만드는 이 기술들이 나의 작업 영역을 침범할지도 모른다는 불안감이 스치기도 하지만, '이건 사람만 할 수 있는 일'이라며 인공지능을 조롱하는 게시글에 낄낄대며 인공지능과 나를 견주게 될 미래를 한없이 유예하고 있다.

(해인) 할리우드에서는 챗GPT에게 대본 초안 작업을 맡긴 뒤 인간 작가에게 각색만을 요청하면서 인건비를 절감했고, 이는 2023년 인공지능의 저작권 침해 문제 해결을 영화 산업계에 촉구하는 미국작가조합의 대규모 파업으로 이어졌다. 다음 해, 국내에서 버추얼 휴먼 멤버들로 이루어진 보이그룹 '플레이브'의 미니 2집 초동(실물 음반 발매 후 일주일간의 판매량)이 56만 장을 돌파했다는 소식은 인공지능이 인간의 심장을 두드릴 팬덤을 만들어낼 충분한 가능성을 보여주었다.

작업자는 해외 레퍼런스를 1초 만에 번역해 보기 위해 파파고*를 이용할 때, 중요한 회의에서 논의된 사항의 팩트체크를 위해 클로바노트**를 활용할 때 업무 곳곳에서 인공지능의 위력을 알게 된다. 일을 더 잘하고 싶지만 외국어를 배울 시간은 없고, 사람들의 웃음소리를 들으면서 업무 관련 내용을 하나하나 받아 적는 건 비생산적인 일이라 여긴 결과다.

어쨌거나 현재의 인공지능은 평범한 일을 하는 평범

인공지능

---

* 인공지능 기반 번역기. 2016년 8월에 네이버가 개발했으며, 2024년 기준 14개국의 언어 번역을 제공한다.
** AI 기술 기반 음성 기록 관리 서비스. 2020년 11월 네이버가 개발한 AI 음성 기록 서비스로 출발했고, 2023년 정식 출시되었다.

한 나의 자리가 대체불가능하길 바라는 마음으로 세워 둔 강력한 적이다. 사실상 기술이 모든 걸 빼앗아갈 수 있다는 분위기 속에서 "당신의 일자리가 대체되지 않으려면 앞으로 당신은 무엇을 해야 할까요?"라는 질문을 던지는 사람은 새로운 먹거리를 찾았다. 사람들은 믿고 싶은 해답(당신의 일은 대체되지 않을 수 있다는 환상)을 찾아 헤매인다. 이 물음표는 "오직 인간만이 가능한 일은 무엇인가요?"라는 추가 질문을 낳는데, 그 답은 결국 일이 아닌 어딘가에 닿는다. 인간중심적 사고방식으로 모든 걸 진행하고 결정하는 오만함을 돌아보게 한다.

자기 검열

완벽주의와 짝을 이루며 작업자 스스로를 결박시키는 제약의 일종.

잘 걸어가던 중에 갑자기 걸려 넘어지는 돌부리.

구구 자본주의 사회에서 작업자는 자신의 고유한 특성을 인정받기보다 손쉽게 대체가능하다는 인식을 반복적으로 느낀다. 실제로 작업 생태계는 해당 작업자가 얼마나 자주 노출되고 있는지를 중시하며, (설령 그것이 누구나 할 수 있는 말이라도) 지속적으로 메시지를 발신하는 사람을 우선적으로 찾는다. 양이 곧 질을 만든다는 말은 작업자 사이에서 당연하게 통용된다. 이러한 세계에서 작업자는 끊임없는 생산을 반복하며 쓸모를 입증해야 한다는 강박을 갖게 되는데, 이때 자기 검열은 생산을 저해하는 최악의 요소로 평가된다.

하지만 자기 검열에 부정적인 측면만 있는 것은 아니다. 타인에 대한 공감 능력이 결여된 '나르시시스트'가 현대인의 대표 수식어로 자리 잡은 지금, 자기 검열은 자기 자신을 객관적으로 바라보며 성찰하는 메타인지를 통해 타인에게 상처 입히지 않는 반성적 태도를 갖게 한다. 그러나 정작 필요한 사람들이 자기 검열을 행하지 않는다는 점은 끔찍하다. 번지르르한 말만 반복하는 자기 계발서가 '자기 확신을 갖고, 일단 실천에 옮기세요!'라는 말을 끊임없이 외친 결과, '저런 사람들이 자기 검열을 해야 하는데 애먼 사람들만 고생이군…'의 '저런 사람들'이 끝없이 양산되고 있다.

③ 관계

(해인) 알렉산드라 슐먼은 패션지 『보그』 영국판에서 최장기간 근무한 편집장이다. 25년간 다녔던 『보그』를 그만둔 후 어느 날 자신의 옷장 안에 총 556개의 패션 아이템이 있음을 셈해본 그는, 옷에 대해 들려줄 말이 당연히 나보다는 많아 보인다. 그는 언젠가의 자신이 입었던 옷과 그 의상을 통해 드러난 다양한 역할을 돌아보며 『옷의 말들』을 썼다. '앞치마'를 통해 바쁜 엄마 대신 유모와 함께했던 유년 시절을, '슬립원피스'를 통해 연인과 사랑에 빠졌던 한때를, '임부복'을 통해 일과 육아를 병행하기 직전까지의 시기를 풀어 내는 식이다. 더 나아가 늘 앞치마를 입었던 유모로 상징되는 가사 노동의 어려움을 들려준다. 아이를 가진 후 이전과 달리 여러 벌의 편한 옷들을 쇼핑하기 시작한 당시의 자신을 "무엇을 입느냐가 업무의 일환인 직장에서 어떻게 옷을 입어야 좋을지 고민했다"*고 돌이켜보기도 한다. 일하는 사람의 자기 검열은 이런 식으로 온갖 군데에서 튀어나온다.

무엇을 입어야 자신이 패션지 종사자답게 보일지에 관해 매일의 고민을 안고 있던 그와 달리, 대체로 집에서 혼자 일하는 나는 착장 고민을 덜 수 있는 지금의 업무

자기 검열

* 알렉산드라 슐먼 『옷의 말들』 김수민 옮김 현암사 2022, 131쪽

258

환경이 만족스러울 따름이다. 매일같이 검은색 터틀넥에 청바지를 입었던 스티브 잡스는 이런 고민을 애초에 하지도 않았겠지만.

잠수

🖻 작업자가 된 후 인생에서 가장 먼저 삭제해버린 단어.

💬 불같이 이는 충동을 다스릴 줄 아는 사회적 동물로서 마땅히 삼가야 하는 일.

구구 철없던 시절, 막말을 일삼던 사장님에게 그만두겠다는 문자 한 통 덜렁 남기고 잠수를 탄 일이 있다. 스마트폰의 출현 이후 잠수를 위해선 정말 많은 채널을 차단해야 하지만(문자, 카카오톡, 인스타그램, 페이스북 등등) 스마트폰이 없던 당시의 잠수는 그리 어려운 일이 아니었다. 그러나 잠수를 탄 후 길에서 마주치진 않을까, 이력서에 적힌 집 전화번호로 전화하진 않을까 내내 괴로웠고, 이렇게 전전긍긍할 바엔 다시는 잠수를 타지 않겠다고 결심했다.

이따금씩 모든 일을 때려치우고 잠수를 타고 싶다는 정념에 빠질 때가 있다. 하지만 마음을 다잡는 일은 어렵지 않다. 철이 들어서라기보단 잠수가 불러올 후폭풍을 어렵지 않게 예상할 수 있기 때문이다. 작업자는 여간해서는 잠수를 탈 수 없다. 생계가 달린 모든 수단을 일시 정지한 채 사라진다는 결심은, 돈이 절실하지 않던 시절에나 가능한 치기 어린 생각일 뿐이니까.

해인 어느 회사에서 연일 야근에 시달리던 디자이너가 작업 파일 내 모든 레이어를 병합하고 퇴사했다는 흉흉한 괴담을 들어본 적이 있는지? 그런가 하면 묵묵히 자기

할 일을 하는 듯 보이고 다소 조용한 캐릭터를 가지고 있던 임직원이 거대 자금을 횡령한 후 며칠째 연락 두절이라는 사회면 뉴스도 심심찮게 나온다. 그 정도의 배짱을 가져본 적이 없는 나로서는 그 에피소드들의 주인공들이 벌인 만행이 놀라울 뿐이다. 그러나 정도의 차이만 있을 뿐 얕은 잠수 충동은 내게도 있었다. 퇴사한 회사로부터 부득이하게 전임자였던 내게 일에 관한 연락이 걸려올 때 응답하고 싶지 않았던 걸 보면 말이다.

기록노동자 희정은 『일할 자격』에서 "일터에서 좋은 헤어짐을 꿈꾸며 과정을 함께 밟아가는 일. 나는 거기에 '관계'라는 이름을 붙인다"*고 했다. 일하는 사람들이 일을 진행하기 위해 맺는 인간관계는 늘 수월하지만은 않고, 이 과정에서 필히 어느 한쪽은 희생을 감내한다. 누가 증발 욕구를 참아가며 일했는지는 마지막 순간에 선명하게 드러난다.

* 희정 『일할 자격』 갈라파고스 2023, 57쪽

전문성

석박사 이상의 학위나 유학 경험 없이 획득하기 어려운 한국 엘리트주의의 상징.

남들 눈에는 보이지만 자기 눈에만 보이지 않는 신비한 투명 망토.

구구 해당 작업을 수행한 경력이 꾸준히 쌓여도 작업자의 출신 성분(대학/대학원, 유학 경험과 자격증 유무)에 따라 전문성이 판가름 난다. 전문성은 글을 쓰거나 지식을 생산하는 사람들에게 특히 엄격한 잣대로 기능하는데, 이 때문에 대학원 진학을 고려하는 작업자도 늘고 있다.

해인 내가 가진 전문성이 무엇인지 모르겠다는 고백이 유행처럼 번지던 시기가 있었다. 특히 비개발 직군에 종사하는 작업자들은 실제로 아주 많은 일들을 해내고 있음에도 자신의 주력 분야를 찾지 못해 애를 먹었다. 이상하게도 혼자서는 확신을 가지기 힘들다. 그러나 주변 사람들과 대화를 하다 보면 그 전문성이라는 게 이미 자기 어깨에 걸려 있었다는 사실을 발견한다.

전문성

지속가능성

🗂 작업자들에게 지금 벌 수 있는 수익만큼이나 중요한 가치.

🫧 자기 자리를 지키는 단 한 명만 있어도 동기 부여가 되는 것.

구구 먹고살 만큼 벌면서 건강과 생활도 지킬 수 있는 방안을 모색하는 일, 그것이 작업자들이 공통적으로 가지는 지속가능성에 대한 고민이다. 그러나 당장 내일의 작업도 보장할 수 없는 급변의 시대에 장기적인 계획 수립이 어려운 독립 작업자들은 눈앞의 과업을 처리하고 생존 목표를 달성하는 쪽으로 몸을 기운다. 지속가능성은 자꾸 나중 일로 미뤄진다.

모 기업에서 진행하는 멘토링 사업에 참여한 내게 멘티는 내가 하고 있는 작업들의 지속가능성과 전망, 비전 등을 물어 왔다. 멘티를 실망시키고 싶지 않았지만, 내가 할 수 있는 일은 지금 주어진 일을 성실하게 수행하는 것뿐이라며 지속가능성을 점치는 일은 내가 아니라 국가나 사회의 몫이 되었다는 의견을 전했다. 작업 주체인 내가 설정한 지속가능한 삶의 모습은 외부 요인에 의해 자주 흔들리고, 때때로 위태로워지기 때문에 그 몫을 작업자 개인이 짊어지기 어렵다는 판단에서다. 오늘도 정부가 문화계 예산을 삭감했다는 소식이 들려오는데, 어떻게 작업자가 자력만으로 작업하는 삶을 지속가능하게 만들 수 있겠는가.

(해인) 서울시 광화문 흥국생명빌딩 앞에는 망치를 들고 있는 한 남자가 있다. 같은 건물에 있는 씨네큐브에 영화를 보러 향할 때마다 번번이 그를 마주하고는 한다. 영화관에 가기 직전 건널목에서 신호가 걸리면 그가 하늘에서 망치질을 하는 것을 고개를 조금 들고 바라보게 된다. 폭염이든 한파든, 그는 평일이면 35초에 한 번씩 망치질을 해대는데 주말과 공휴일, 그리고 5월 1일 노동절의 휴식은 엄격하게 지킨다.

이 남자의 키는 22미터다. 독일, 스위스, 미국 등 전 세계 11개 도시에 설치된 '해머링 맨' 중 흥국생명빌딩 앞에 있는 해머링 맨의 키가 가장 크다. OECD 국가 중 그다지 영예롭지 못한 부문의 1위를 다수 차지하는 한국은 설치 예술 조각상 사이즈 부문에서도 거뜬히 1위를 차지해버린다. 언젠가 그가 망치질을 그만두면 서운해질 것만 같다. 늘 그 자리에서 묵묵히 할 일을 하는 남자를 떠올리며 나도 나의 일을 계속한다.

지인

🗂 서로의 환상이 반영된 채 이어져 있는 관계를 칭하는 말.

🌰 세상이 충격적으로 좁다는 걸 알려주는 사람들.

구구 눈을 맞추고 가볍게 목례를 나눈 적 있는 사람을 지인이라 칭했던 과거와 달리, 온라인 우정이 개발된 지금은 팔로우를 하고 있다는 사실만으로 '아는 사이'로 퉁치는 경우가 잦아졌다.

지인은 서로가 서로에게 갖는 오해와 편견이 반영된 공적 자아이며, 한 다리 건너 아는 사이라는 이유로 언제든 작업으로 이어질 수 있다는 기대를 하게 되는 묘한 존재다. 하지만 모든 폭로 글의 시작이 "나 ○○의 지인인데"로 시작하는 대-공론화의 시대에 살고 있는 우리에게 지인이 과연 도움이 되기만 하는 존재인지에 대해서는 한 번쯤 재고할 필요가 있겠다.

해인 일이 바빠질수록 가까운 사람을 소홀히 대하게 된다. 미처 예의를 다 하지 못하거나 인성의 밑바닥을 보여주어도 그가 내 곁을 떠나지 않을 거라는 착각을 하기 때문에. 비슷한 상황에서 지인에게는 오히려 친절과 환대를 베풀 수 있다. 기본적으로 사회생활을 하며 알게 된 사람들은 내 쪽에서 쉬이 통제할 수 없는 대상이고, 나는 그들이 나에 대한 왜곡된 소문을 퍼뜨리는 게 두려우니까.

소문은 발이 없이도 천 리를 돌아다닌다. 그리고 우리

가 모두 누군가와 어떤 경로로든 다 연결이 되어 있음을 알려준다. '와 진짜 착하게 살아야겠다'는 혼잣말을 할 때면 충분한 스릴을 느낀다.

지
인

질문

🔖 작업을 낯설게 혹은 제대로 보기 위해 작업자에게 처방되는 응급처방.

💬 새로운 웹사이트에 가입할 때 제대로 읽지 않고 '이벤트 및 혜택 정보 수신' 항목에 동의한 결과.

작업자는 대부분의 시간을 혼자 작업하며 보낸다. 이 시간 동안 내면으로 침잠한 작업자는 전체적인 작업 상황을 조망하지 못하고, 눈앞의 작업에만 몰두하는 우를 범하곤 한다. 이때 필요한 것이 질문이다. 질문은 능숙한 조타수처럼 자칫 방향을 잃을 뻔한 작업을 바로 잡고, 놓치고 있는 지점은 없는지, 처음 정했던 목표로 맞게 항해하고 있는지 점검해준다. 질문을 하는 일이 어렵게 느껴진다면, '왜?'라는 질문만으로 충분하다. 우리에게 필요한 건 장황한 질문이 아니라 구체적인 답변일 테니까.

해인 다음은 오늘 하루 동안 내 스마트폰에 도착한 알림 메시지다. 말끝마다 물음표가 어찌나 많은지. 모두들 내게 정말 궁금하지 않은 걸 묻는다. 하지만, 발신전용 번호에 실려온 질문에는 아무런 대답을 할 수가 없다.

지난 주 스크린 타임은 5% 감소하였으며 하루 평균 기록은 10시간 52분입니다. (오전 09:12)

혹시 나도 스마트폰 중독? 한 달간 스마트폰을 끄고, 소설을 꺼내 읽으며 나의 스마트폰 라이프를 돌아보고 북클럽에서

함께 이야기 나누어요. 3일 뒤 모집 마감! (오전 11:02)

OO역 도보 3분 거리에 집을 찾으시나요? 2023년 신축, 풀 옵션, 140평 이상의 공용 공간이 있는 OOOO은 어떠세요? (오전 11:38)

[Web발신][CJ대한통운 오네(O-NE)_배송완료] 고객님의 상품이 배송 완료되었습니다./ 상품명: 도서 음반 DVD / 인수자 (위탁장소): 문앞 (오후 1:05)

운동하러오세,용. 24년용의해. 신년실속패키지. 헬스/줌바/요가/골프. 헬스1년30만! (오후 03:47)

똑똑 잘 지내고 계신가요? 2주 뒤 사라지는 깜짝 쿠폰 도착! 다시 돌아오길 바라는 마음으로 영양제 2종 할인 쿠폰을 드려요! 건강 관리도 타이밍! 늦기 전에 할인 받고 시작하세요. (오후 04:13)

'이런 이야기를 해도 될까?' 검열하게 된다면, 꼭 아침에 글을 써야 해요. 모닝페이지 모임 신청은 오늘 밤 자정에 마감 돼요! (오후 8:50)

커뮤니티

끼리끼리 어울리는 일이 가능할 때 지속가능한 장소.

다정하지만 치열하게 임할 수 있는 자기소개 훈련의 장.

구구 「뫼비우스 콜렉션 1」*은 학교, 워크숍, 국가 등의 공통점으로 묶여 있는 페어 참가자들이 이미 친분을 갖고 있는 상황에서, 어디에도 섞이지 못한 채 소외감과 외로움을 느끼는 만화가의 처지를 그린다. 화자는 고민 끝에 용기를 내어 옆 부스 참가자에게 말을 건네지만, 돌아오는 반응은 싸늘하다. 「뫼비우스 콜렉션 1」을 그린 만화가 란탄은 '동료가 필요하다!'는 생각으로 '칸새(독립만화 행사)'를 만들었다. 그는 "'누구는 잘 나가고, 팔로워 수가 많고, 외주를 꽤 받는다더라' 이 판에 있는 사람들이 다 동료인데 그걸 느낄 수 없으니까 서로의 작업물을 얘기하는 게 아니라 비교 우위를 따지고, 인정과 자격만 찾고 있다고 느껴진다"**고 말한다.

내가 '커뮤니티'라는 단어에 거리감을 느끼는 이유도 란탄이 느끼는 문제의식과 비슷하다. 우후죽순 생겨나는 많은 커뮤니티들은 누구나 가입할 수 있는 오픈된 공간으로 소개되지만, 사실 특정 조건이 맞아 떨어지는 유사 계층과의 만남을 위한 세속적 장으로 자리 잡고 있다. "차이를 존중한다"는 커뮤니티 운영 규칙은 비슷한 뿌리에서 뻗어져 나온 개인에게만 허용되는 차이일 뿐이다.

* 포스타입 〈란탄 만화〉 https://rantancomics.postype.com/post/16556771
** 문학동네 만화편집부 뉴스레터 〈만화다반사〉 (2024. 3. 27.)

커뮤니티

③
관계

또 커뮤니티가 내세우는 중요한 특징 중 하나인 '안전함' 은 동류의 구성원에게서 느끼는 편안함에서 비롯된 감각이다.

커뮤니티가 신자유주의 시대에 고도로 개인화된 인간을 연결하는 대안적 장소라면, 우리가 정의하고 있는 '안전함'의 바운더리를 좀 더 넓히고 나와 전혀 다른 사람들의 안부를 묻는 곳이 되어야 할 것이다.

해인 나는 2020년 이후로 일하는 여성들이 모인 몇 군데의 커뮤니티에 속하면서 대체 불가한 즐거움을 얻었다. 이를테면 막연하게 늘어놓던 자기소개가 구체적으로 바뀌었다. 내가 이것저것을 하는 사람이라고 해서 단지 "이것저것을 하고 있는데요"라고만 표현하지 않기까지는, 사람들 사이에 무작위로 섞여서 나를 소개하는 연습이 간절히 필요했다.

타깃

🗂 오직 '돈'만이 전부인 사회가 군사주의와 결합하며 인간의 비인간화를 유도하고, '소비자'라는 정체성만을 남겨 개조한 인간 군상.

☁ 작업자의 생태계에서 장차 고정팬이 될 사람들.

구구 자본주의는 인간을 '사람답게' 이해하는 시도를 인문학적 호기심의 영역으로 밀어내고, 그 자리를 구매력 있는 소비자만으로 채운다. 타깃이 되어 자본주의의 총알에 명중한 개인은 피 대신 돈을 토하며 시장의 논리에 충실히 복무한다.

핵인 자주 들르는 동네 카페의 사장님은 내가 입장하면 눈인사를 살짝 해주셨다. 절대 먼저 말을 안 걸어주시고, 나 또한 절대 먼저 말을 안 거는 고요한 콜라보레이션. "맛있게 드세요" ↔ "고맙습니다"만 주고받아도 된다는 점이 계속해서 이 카페를 찾게 만드는 이유였다. 그러다 언젠가 사장님께서 아이 손님을 향해 무릎을 굽히거나, 개 손님을 가지런히 쓰다듬는 걸 보았다. 눈인사 이상의 커뮤니케이션을 충분히 할 수 있는 분이 내게 맞춤형 응대를 해주셨다는 걸 알게 됐을 때 그곳이 더욱 좋아졌다.

대중을 메이저와 마이너로, 고객을 밀레니얼과 Z와 알파로 나누는 공고한 분류법 앞에서 타깃은 생각한다. 나는 여럿 중 하나가 아니라 '나'로 존중받고 싶다고. 다른 소비자와는 다른 방식의 응대를 해주었던 그 카페의 사장님을 떠올리면서.

팔로어 follower

🗐 교환 가치를 가진 재화 단위 혹은 작업자의 평판을 평가하는 척도로 활용되면서, 누구도 '숫자 뒤에 사람 있어요'라는 말로 이해하지 않게 된 말.

👄 모든 걸 직접 경험하기 어렵다는 인간 본연의 한계 때문에 갖는 현대인의 정체성.

구구 마케팅 가치의 판단 기준이 된 팔로어 수에 따라 작업자는 마이크로, 매크로 인플루언서 등으로 분류된다. 팔로어 수가 많으면 많을수록 좋다는 인식은 여전하지만, 누가 누구와 맞팔 관계인지, 영향력 있는 인물이 팔로우하고 있는지 등 관계적 속성에 집중하는 경향 또한 두드러지고 있다.

네이버 웹툰 「팔이피플」(글 매미 그림 희세)은 '셀럽' '인플루언서' 문화를 징그러울만치 노골적으로 보여주는 작품인데, 팔로어 수에 따라 '계급'이 생기며 계급 상승을 위해 팔로어 수가 많은 사람과 관계 맺길 갈망하는 주인공의 분투가 애잔하게 그려진다. 이때 주인공은 또 다른 인플루언서를 팔로우하고 태그하면서 자신의 인맥을 과시하고, 그 과정에서 각자의 팔로어가 서로에게 유입되는 장면을 목격한다. 이처럼 팔로어는 상호 교환 가능한 재화로 분하며 사람이 아닌 '숫자'로만 남는다.

팔로어

해인 우리는 의식하지 못한 채로 매일매일 누군가의 팔로어가 된다. 팔로어의 일상은 작업자가 공개를 앞두고 입을 근질근질해하는 프로젝트 함께 기다리며 설레는 척하기, 작업자가 마침내 공개한 프로젝트의 상세 내용으로 연결될 하이퍼링크 클릭해보고 바로 빠져나오기, 인스타 스토리에서 보이는 깨알만 한 장소 태그를 클릭해 지도 앱에 저장하기, 인물 태그를 하나하나 클릭해 알지 못하는 사람들 사이의 관계성 파악하기, 인플루언서가 "제품을 수령했습니다"며 감탄하는 언박싱 포스팅을 하염없이 바라보기 등으로 구성된다. 팔로어로서의 우리는 때로 '진정한 인간관계'와 '좋은 사람들' 운운하는 게시글을 마주하는 아이러니를 겪는다. 주변 사람들을 소중하게 여기는 한 사람의 진심을 의심할 필요는 없겠지만, 너무 자주 인복을 자랑하는 작업자는 의심을 산다.

팔로어

③
관계

평판

📇 나로부터 출발하지만, 나에게로 돌아오지 않는 시장의 평가서.

🌰 한 사람에게 일이 과하게 몰리거나 빠져나가는 이유.

구구 놓치지 말아야 할 점은 평판의 출발점에 대한 의구심이다. 대체로 평판은 '나'로부터 출발하기 때문에 관리할 수 있는 영역으로 여겨지지만, 입에서 입으로 전해지는 평판의 특성상 부풀려지거나 왜곡되는 경우가 많고, 평판의 구체적인 내용이 내게 돌아오지 않기 때문에 관리가 쉽지 않다. 또 '누구'의 입을 통해 평판이 전해지는지도 중요한 사항인데 권위를 가진 유명인이 특정 작업자를 부정적으로 평한다면 이는 진실이 되어 시장에 박제된다. 사람들은 유명인의 평가를 더 신뢰하기 때문에 작업자와의 연결고리를 서서히 끊어 낸다. 작업자 본인 또한 출처와 내용을 알 수 없는 평판으로 망가진 자신의 커리어를 바라보며 자기 자신을 의심하게 된다. 이처럼 평판은 확신보다 연쇄적인 의심을 낳는 경우가 많다.

해인 간절히 회사를 그만두고 싶어 했던 지인은 "다음 달의 월세와 관리비는 어떡하지?"라는 질문을 스스로 던져 본다고 했다. 프리랜서인 나는 일을 그만두고 싶을 때 "다음 달의 내 평판은 어떡하지?"라는 물음표를 떠올린다. 책임감이 부족한 결과로밖에 해석되지 않는 프로젝트 중도 하차와 깔끔하게 마무리되지 못해 누군가를 뒤처리에 동원하는 프로젝트의 끝은 바로 작업자에 대한 평판으로 이어진다. 함께 일을 한 사람들이 모두 내면의 눈을 부릅뜨고, 자신과 일로 스쳐 지나간 사람들을 하나하나 채점하기 때문이다.

이 와중에 "내가 그 사람이랑 같이 일을 해봐서 말인데, 너는 그 사람이랑 절대 일하지 마!"를 자신 있게 말하는 이들이 있다. 그 사람은 몇 가지 전적에 따라 실제로 같이 일하기 힘든 상대일 수도 있지만, 언제나 양쪽 입장을 들어봐야 한다.

협 업

🗐 비용 지불 의사가 없는 갑이 을에게 상호 이익을 앞세워 무급 노동을 제안할 때 쓰는 변질된 용어.

〰️ 집단지성에 대한 신뢰와 실망 사이를 오가는 일.

구구 협업은 동등한 관계에서, 일에 대한 동일한 부담감과 책임감을 나누어 갖고 모두에게 도움이 되는 방향으로 진행되어야 하는 업무 형태의 일종이지만, 단어의 오남용이 빈번하다. 협업을 제안하는 갑은 업무의 전 과정을 작업자 을에게 일임하면서 "작업자 선생님께서 원하시는 방향으로 마음껏"이라는 표현으로 포장하고, 이를 외주로 이해한 작업자 을이 비용을 청구하면 "해당 기획에는 예산이 편성되지 않아 비용 지급은 어렵지만, 서로가 윈윈* 할 수 있는 좋은 기회"라며 설득한다.

개별적인 섬으로 존재하는 작업자들의 생태계에서 이러한 착취적 협업의 사례는 공유되기 쉽지 않고, 이는 악습으로 굳어져 새롭게 시장에 진입한 또 다른 작업자에게로 이어지며 착취의 고리를 단단히 결속시키는 결과를 낳는다.

해인 백지장도 맞들면 짝 소리가 난다. 사공이 많으면 배가 산으로 간다. 팀으로 일하는 게 고역일 때마다 나는 이두 속담을 머릿 속에서 섞었다. 아, 자기의 지성만 믿는 사

*331쪽 「윈윈」 참고

공이 많으면 배가 산으로 가는 거구나. 그래서 내가 지금 이렇게 힘이 드는구나. 그렇다고 해서 혼자 모든 일을 하려는 건 아니다. 나는 같이 일해보고 싶은 사람과 호시탐탐 엮일 준비 중이다. 홀로 일하는 시간은 그 기회를 잘 살리기 위한 준비 과정에 가깝다.

프리랜서의 협업 성사에는 팀으로 일하는 게 디폴트일 때와는 완전히 다른 즐거움과 긴장감이 있다. 협업 경험이 누적될수록 '조직에 어울리지 않는 자'라고 스스로를 수식했던 말의 의미가 다르고, 또 다르게 해석되는 날들이 쌓인다. 그 시간을 딛고 다시금 다음 협업을 향해 나아간다.

최적의 도구를 찾아 헤매는 작업자의 모험

독서모임 플랫폼을 운영하는 사람에게 소셜미디어와
의사소통 도구는 중요하다. 소셜미디어는 커뮤니티를
알리고 사람들을 한데 모으는 역할로, 의사소통 도구는
공지를 전하고 친목을 장려하는 용도로 활용되며 각각의
활용 방식에 따라 커뮤니티 사용자의 만족도가 대략
결정된다. 나는 운영자로서 무수한 시행착오를 겪었는데,
그 과정을 연도순으로 소개해보고자 한다.

 당시 책 좀 읽는다 하는 사람들은
디시인사이드의 도서갤러리나 텀블러에
모여 있었다. '책갤'이라고도 불렸던
도서갤러리에는 독서량이 엄청난 유저들이 많았다. 2015년
메르스 갤러리에 들락거리던 경험을 시작으로 이용하게
된 디시인사이드는 도서갤러리를 통해 내게 종종 책

추천을 받고 싶을 때마다 접속하는 큐레이션 사이트가
되었다. 그러나 그곳의 생태계나 문법이 나와 맞지 않았던
데다 나름 어그로가 덜하다는 도서갤러리마저도 '뻘글'로
도배되면서 서서히 발길을 끊었다.

　도서갤러리에 주춤한 마음을 사로잡은 곳은 바로
텀블러였다. 텀블러는 감성 충만한 예술가들의 독서
파편이 담긴 소셜미디어로, 인스타그램과 트위터,
페이스북을 합쳐 놓은 듯한 비주얼로 인기를 모았다.
그곳엔 다른 소셜미디어에 환멸을 느껴 도망쳐왔거나
대중과의 거리감을 전시하기 위한 목적으로 모인 이른바
'마이너'들이 즐비했다. '나는 다르다'는 마이너 감각을
공유하는 소셜미디어 경험이란 각별했다. 그들은 신간이
아닌 빛깔이 바래 누렇게 변한 옛날 책을 읽었고, 누구도
찾지 않을 법한 희한한 주제의 책을 읽었다. 나는 텀블러
속 마이너 친구들에게 급격히 매료되었고, 이들과 만나고
싶다는 강렬한 열망에 휩싸였다. 그래서 그해 9월,
텀블러에 처음으로 독서모임을 열고 싶다는 게시글을
올렸다.

텀블러에서 만난 사람들과 작게 시작한

2018년~ 2019년 모임은 점차 규모가 커져, 고정 멤버 15명에

달하는 제법 큰 모임이 되었다. 책에 따라서

그때그때 새로운 멤버를 모집하는 경우도 있었지만,

대다수의 모임이 대체로 15명의 고정 멤버를 중심으로

진행됐다. 당시 직장인이던 나는 효율적인 모임 운영에

대한 고민이 많았다. 공수를 크게 들이지 않는 선에서

모임을 운영하고 싶었던 것이다.

때마침 멤버 중 한 명이 네이버카페를 추천했다. 여러

소모임들이 오랜 시간 네이버카페를 애용하는 데는 이유가

있다는 게 추천 이유였다. 사용해보니 비공개 운영이

가능하다는 점, 개별적으로 공지할 필요 없이 게시글

하나만 올리면 충분하다는 점, 사적 영역을 지나치게

침범하지 않고 새로운 알림이 뜰 때에만 접속할 수 있기

때문에 멤버들의 부담을 덜어줄 수 있다는 점 등 이점이

많았다.

그러나 단점 역시 명확했다. 당시 네이버카페를 이용하지

않게 된 결정적인 이유는 두 가지였는데, 하나는 모임을

위해 사용자가 카페에 일부러 접속해야 한다는 점, 그리고

또 하나는 네이버카페가 기존에 가진 이미지였다. 이 두

가지는 상호 연관이 있었다. 멤버들은 카페의 기능에는 동의했지만, 카페 경험에 대해서는 의문을 제기했다. 낡고 올드한 느낌의 네이버카페는 20~30대를 위주로 구성된 우리 모임에 '뒤처진 듯한' 느낌을 주었다. 사람들은 새롭고 힙한 것을 원했고, 나 역시 그랬다. 게다가 네이버카페를 중고나라 또는 취업 준비 용도로만 활용해온 사람들이 대다수였기 때문에 그 사용에 있어 몹시 수동적이었다. 이 때문에 멤버들의 접속율은 점차 낮아졌고, 급기야 모임 직전까지 공지를 확인하지 않는 멤버도 속출했다. 또다시 새로운 채널을 찾아야 했다.

2020년

2020년 초, 디자이너와의 협업을 통해 '들불'의 브랜딩을 마친 뒤 곧장 인스타그램 계정을 개설했다. 개설한 다음에는 브랜드 키 컬러에 맞춰 무드보드를 설정했다. 톤 앤 매너를 일관성 있게 조율한 다음 이미지와 본문을 조화롭게 배치한 뒤 신중하게 업로드하는 작업을 매일 반복했다. 새롭지만 따분하고, 대중의 관심을 원하면서도 묘한 반발심과 거부감이 불쑥 스미는 작업의 연속이었다.

과거 텀블러에서 만난 자타 공인 '마이너'들은

인스타그램에 대한 적개심과 조롱을 원색적으로 드러냈다. 그들에 의하면, 인스타그램은 '가짜'였다. 그럴싸한 쇼잉을 위한 장소, 지적 허영심과 미적 진부함만이 공존하는 곳. 텀블러에 빠져 지내는 동안 나 역시 인스타그램을 그런 곳으로 생각했다. 그러나 작업자인 나에게 인스타그램은 기회의 장소이자 만남의 장이었다. 나는 텀블러 유저들의 조롱과 구분짓기를 뒤로한 채 인스타그램에 전념하기 시작했고 금세 적응했다.

인스타그램에서 브랜드를 알리고 '나'를 하나의 상품으로 전시하는 동안에도 멤버들과의 소통 채널에 대한 고민은 계속됐다. 이때 혜성처럼 등장한 툴이 바로 슬랙이다. 슬랙은 팀 내 커뮤니케이션을 위해 개발된 사내 도구로, 주로 스타트업에서 사용했다. 2019년 말, 코로나바이러스의 전파 이후 온라인 중심 커뮤니티 사업이 본격 활성화되기 시작했고, 스타트업 문법에 익숙한 사람들은 커뮤니티를 사이드 프로젝트로 굴리기 시작했다. 이들은 자신들에게 가장 익숙한 도구, 슬랙을 통해 커뮤니티를 운영했다.

슬랙 사용 경험이 없었던 나는 타 커뮤니티에서 슬랙을 이용하는 방식을 분석해 내가 운영하는 독서모임 운영에

적용했다. 그러나 슬랙 운영도 쉽지 않았다. 나처럼 슬랙을
경험해본 적 없는 멤버가 너무 많은 게 가장 큰 문제였다.
독자적인 슬랙 이용 가이드를 만들어 안내했지만,
모임 참여자의 연령층이 다양해지면서 가이드 자체를
난감해하는 멤버가 늘어났다. 어렵사리 가입을 마치고 난
뒤에도 글을 올리거나 메시지를 주고받는 등의 과정에서
어려움을 호소하는 멤버가 많았다.

대부분의 모임을 온라인으로 운영하게
2021년 되면서, 줌zoom이 만남의 주된 창구가
되었다. 많은 전문가들이 분석했듯
화상회의의 피로도는 '줌 피로도Zoom Fatigue'라는 말이
신조어가 등장했을 정도로 상당하다. 코로나19로 인해 줌에
이제 막 적응하기 시작한 사람들은 이렇게라도 사람을 만날
수 있다는 사실에 안도감을 느끼면서도, 오디오가 겹치거나
인터넷 문제로 화면이 정지하는 문제, 비언어적 의사소통
방식(손짓, 표정, 끄덕임 등)의 제한 등으로 피로감을
호소했다.

사적인 경험을 주고받게 되는 모임의 특성상, 카메라와
마이크를 켜지 않고 참여하는 관찰자observer의 출연

역시 당혹스러운 문제였다. 참여자들은 관찰자의 존재가 안전감을 약화시킨다고 여겼다. 한편에서는 화상회의가 가난과 같은 계급성을 드러낸다는 문제의식을 근거로 관찰자의 사정도 헤아려주어야 한다는 의견도 있었다.

　운영자는 모두의 의견에 귀를 기울이되 가장 적합하다고 생각하는 방식을 관철해야 한다. 나는 관찰자의 존재를 수용하고, 안전감을 느낄 수 있도록 음성과 채팅을 적극 활용하는 방식의 새로운 가이드를 만들었다.

2022년~ 2023년　퍼스널 브랜딩이라는 단어가 시대의식을 반영하는 하나의 상징이 되었다. 작업자들은 자신의 작업을 알리기 위해 퍼스널 브랜딩이라는 추가적인 노동을 요청받았다.

　나도 들불을 알리기 위한 수단으로 개인 채널을 적극 활용했다. 먼저, 인스타그램 프로필에 나의 정체성과 작업물을 드러내는 이력을 적고, 그 아래 멀티 링크 서비스인 '링크트리'를 사용해 외부 채널의 존재를 알렸다. 노트북에 스티커를 붙이는 센스처럼, 프로필을 작성하는 데에도 기발한 아이디어와 센스가 필요했다. 매일 낱말 하나하나의 배치를 달리하고 이리저리 조합해보며 프로필

몇 줄만으로 나의 센스를 알릴 수 있는 방법을 고안했다.

일상 사진만 올리던 피드에 '피드를 어지럽혀 죄송하다'는 말과 함께 존댓말로 쓴 홍보물을 올렸고, 일상 기록 역시 일과의 관련성이 돋보이는 형태로 업로드하기 시작했다. 비슷한 시기에 여러 작업물을 홍보해야 할 경우, '피드 도배 주의'라는 문구와 함께 약간의 텀을 두고 게시글을 올렸다. 팔로어의 피로도를 고려하여 중간중간 일상 사진을 끼워 넣는 것도 잊지 않았다.

브랜드를 운영하는 사람에게 인스타그램은 선택이 아닌 필수였지만, 나를 판매하는 일과 내가 가진 신념 사이의 모순이 의식되는 건 어쩔 수 없는 일이었다. 독서모임에서 소셜미디어의 모순과 해악에 대해 핏대 세워가며 떠드는 동안에도 나를 '파는' 일은 계속됐다.

멤버들과의 소통 도구에 대해서는 여전히 고민이 많았다. 많은 사람들이 점차 카카오톡 오픈채팅방을 활용하기 시작했는데, 이에 대한 거부감이 강했던 나는 도입을 주저했다. 인스타그램으로 인해 불특정 다수와 장시간 연결되어 있다는 감각은 몹시 피곤했다. 멤버와의 의사소통 채널에도 피곤함이 전파될까 우려스러웠다. 결국 소통 도구에 대한 고민은 개별적으로 문자와 메일을 통해 안내하는 방식으로, 그러니까 원점으로 돌아왔다.

2024년

소통 채널과 홍보 수단에 대해서는 계속 고민이 많다. 누군가는 인스타그램이 예전 같지 않다고 말한다. 하지만 작업자들에게 그 대안으로 제시되는 플랫폼은 아직 없다. 새롭게 떠오른 틱톡이나 유튜브 같은 영상 플랫폼은 시도해본 적 없지만, 언제나 가능성은 열어두고 있다.

그러고 보면 작업자의 채널 운영이란 무수히 많은 가능성을 열어두는 일이다. 각종 플랫폼을 바쁘게 스크롤하며 트렌드에서 한시도 눈을 떼서는 안 되는 일, 여러 채널에서 같은 말을 반복하며 나와 나의 작업물을 파는 일, 긍정적이고 성실한 작업자로 나를 포장해 선보이는 일. '작업'이란 단어에는 너무 많은 일이 포함되어 있다.

4부

표
현

감수성

🗂 외부의 문제를 감지하는 민감한 능력이자 '타인의 신발을 신어보는' 행동의 토대가 되는 감각.

💭 단어 선택 하나하나로 드러나는 뇌 구조와 마음의 방.

구구 감수성은 단순히 무언가를 느끼는 능력에 더해 내가 '너'가 되어보는 단계로 나아가는 과정이다. 타인이 처한 구체적인 상황에 공감하는 것은 물론 불평등을 감지하고 이것이 작동하는 사회구조적 메커니즘을 이해하는 과정을 의미한다. 민감하게 포착해낸 불평등에 대한 해결책을 강구하는 실천까지 아우르는 감수성은 작업자가 프로젝트 기획 단계에서부터 결과물을 세상에 내보이기까지 전 과정에 걸쳐 놓쳐서는 안 될 핵심 과제다.

한 뉴미디어 스타트업이 '전세사기' 문제를 조명한 콘텐츠를 "전세사기, 목숨 잃지 않으려면"이라는 제목으로 발행해 비난받은 일이 있다. 전세사기 피해로 세상을 떠난 사람들을 향한 모욕인 동시에 남겨진 가족과 또 다른 피해자의 마음을 헤아리지 못한 감수성 부족이 그 이유였다. 해당 매체는 즉시 사과문을 올리고, 해당 콘텐츠를 수정하여 재발행했지만 뒷맛은 씁쓸했다. 레인보우 가이드, 여성용어 가이드를 만들며 소수자의 입장을 고려해온 곳이라 더욱 실망이 컸다.

이 일은 작업자가 윤리적 감수성에 촉각을 곤두세워야 할 이유를 상기시킨다. 감수성이 결여된 작업물은 공감이 필요한 소수자를 더욱 소외시키며 그들에게 상처를 안긴다. 모두를 만족시키는 작업물을 만들진 못하더

④
표
현

라도 누군가에게 상처를 주는 작업물을 만들진 말아야겠다는 마음가짐, 그것이 작업자가 가져야 할 제1의 직업 윤리다.

(해인) 현대사회에서 일하는 사람이라면 타고난 감수성이 있든 없든 후천적으로 끊임없이 계발해나가야 한다. 문제는 사고가 나기 전까지, 자신의 감수성이 함량 미달임을 깨닫기란 구조적으로 어렵다는 점이다. '설마 내가 논란의 중심에 서겠어?'라는 안이한 태도와 빈약한 상상력이 감수성을 키워갈 기회를 빼앗는다.

출판사에서 홍보팀으로 커리어를 시작해 도서 매거진과 도서 팟캐스트 관련 일을 해온 신연선은 자신이 속한 업계의 동료들과 "페미니즘, 비거니즘, 노동권과 환경 문제 등의 주제를 기본적인 공감대 아래에서 편하게 의견 나눌 수 있다. 이건 원래 엄청나게 어렵고, 놀라운 일이다"*라고 했는데, 이는 정말로 그렇다. 그렇게 풍부한 대화를 가능하게 하는 파트너는 놓치고 싶지 않다.

우리의 대화는 내 차례가 올 때까지 나의 의견이 과연

감수성

* 김동신, 신연선, 정세랑 『하필 책이 좋아서』 북노마드 2024, 207쪽

적절한지 속으로 수정을 거듭하면서도, 말을 해야 할 차례가 오면 나의 요철을 그대로 내보이는 식으로 이루어진다. 그 위로 타인의 말들이 쌓이며 나의 감수성이 채워져 간다.

갓생

📑 진짜 신이라면 절대 원하지 않았을 것으로 생각되는 삶의 형태.

🗨 죽다 살아났다고 말하면서도 정말로 죽지는 않았기 때문에 이를 웃으면서 넘길 수 있는 이들이 보여주는 라이프 스타일.

구구 신은 모든 존재를 창조한 조물주이지만, 신의 이름에서 따온 '갓생'은 다양성을 저해하고 평면적인 모습만을 찬양해서 문제다. 매일 일찍 일어나 운동을 하고, 균형감 있는 식사를 챙겨 먹고, 일을 하는 와중에도 자기계발을 놓지 않는 모습은 갓생의 표본이자 궁극적인 목표다. 이러한 갓생의 문법은 많은 사람들의 평범한 삶을 '낙오된 것' '실패한 것'으로 규정한다. 갓생을 사는 사람들은 자기효능감에 중독된 듯 보이기도 하는데, 가열찬 갓생의 끝에 번아웃을 경험하고도 다시 갓생으로 돌아온다는 점에서 그렇다.

해인 어느 한 부분이 아니라 하루를 통째로 바쳐 생산적인 삶을 살고자 애쓴 결과는 높은 확률로 망가진 몸과 마음이라는 청구서로 돌아온다.

그러나 가끔은 운이 좋은 사람들도 있다. 오늘날의 갓생 담론은 "출발 조건이 매우 좋은 사람, 예기치 못한 일로 경력이 중단된 적이 없는 사람, 일할 수 있는 능력을 제한하는 만성 질환이 없는 사람, 평생 무급 돌봄 노동을 전혀 또는 거의 하지 않는 사람들"* 사이에서 끊임없이 유통된다. 개인의 노력으로 모든 게 가능한 것처럼.

④
표현

이는 결국 시간 문제다. 조금 더 나은 삶을 살고 싶어 하는 인간의 진심에 설득된 신은 하루를 25시간으로 늘릴 수 있을지도 모르지만, 신이 아닌 인간은 그저 주어진 시간 내에서 갓생을 산다.

갓
생

* 테레사 뷔커 『시간을 잃어버린 사람들』 김현정 옮김 원더박스 2023, 101쪽

결

> 🗂 개인과 개인이 맺는 관계를 설명하는 정동(情動)의 언어.

> 🌥 직장인 커리어를 10년 차 내외로 쌓을 때까지, '그만둘까?'라는 충동을 검토하게 만드는 직관적인 기준.

구구 자주 혼용되는 핏*이 조직의 상급자와 구직자, 작업자 간의 관계처럼 다소 거리가 먼 대상 간의 관계성을 설명하는 반면, 결은 일대일 관계에 주로 쓰이는 용어라는 차이가 있다. 핏은 조직의 문법을 이해하고 있는 인물 사이에서 빈번하게 사용되나, 결은 덜 세속적이고 더 문학적인 뉘앙스로 예술 계통의 작업자들이 특히 선호한다.

"결이 맞다/맞지 않는다"는 표현 역시 핏만큼이나 모호하고 추상적이면서도 구체적인 근거 없이 어떠한 인물을 향한 호불호를 설명할 수 있고, 핏에 비해 관계의 위계를 명확하게 드러내 보이지 않는다는 점에서 유용하다.

결

해인 지인이 퇴사 소식을 알려오면 "그 회사가 너를 담기엔 그릇이 너무 작았어"라는 말을 하게 될 때가 있는데, 그 말을 듣는 이들은 탁월한 소프트 스킬을 가지고 있다는 공통점이 있다. 이력서에는 적히지 않지만, 같이 일정 시간 일하다 보면 누구나 다 알게 되는 그것. 그는 단순히

*353쪽 「핏」 참고

센스가 있는 게 아니라, 정확히는 일이 잘 되도록 만드는 역량을 가진 직원이다. 여러 사람이 모인 곳에서 흐트러지거나 엇나간 질서를 바로잡기 위해 최선을 다하던 이는, 자신은 이곳과 결이 맞지 않는다는 최종 판단에 다다른다. 안타깝게도, 대부분의 조직은 직원이 가지고 있는 소프트 스킬을 엄연한 기술로서 바라봐주지 않는다.

그런 건 나도 하겠다

한 번도 해보지 않은 사람만이 뱉을 수 있는 말.

저작권 보호를 받거나 특허를 출원한 아이디어를 바라보며 1초 만에 드는 생각.

점 하나 찍은 작품이 수십억을 호가하는 현대미술을 조롱하는 의도로 사용되던 말이 어느새 개개인의 주관적인 평가에 노출되는 창작물을 향한 비아냥거림으로 확대되었다. 무성의하고 작품성이 떨어지는 작품에 가하는 소비자의 일침으로 보이기도 하는 이 말은, 다수의 엘리트들이 포진해 있는 정치, 법, 기술, 과학 등의 분야에서는 자취를 감춘다. '전문적'이라 여겨지는 영역에는 자칫 자신의 일천한 지식이 드러날 수 있어 조심스럽지만, 객관적인 전문성이 부재해 보이는 영역, 특히 예술에는 너도나도 한마디 얹을 때 사용된다. 그러나 작업을 해본 사람이라면 알 것이다. '그런 건 나도 하겠다'는 조롱은 오직 해보지 않은 사람만 가능한 말이라는 사실을.

해인 어중간한 밀레니얼 세대인 내가 처음 인터넷을 접했던 건 10대 초반이었다. 그때 학교에 NIE(Newspaper In Education, 신문활용교육) 수업이라는 게 있었다. 온통 어려운 말로 쓰인 신문 기사를 스크랩하는 시간. 당시 선생님은 "인터넷에도 뉴스가 있지만 이 숙제는 반드시 종이 신문으로 해야 한다. 종이 신문이 아닌 곳에 실린 뉴스는 기억에 남지 않는다"고 말씀하셨다. 인터넷으로 뭔가를 읽으면 읽을수록 사람은 어리석어질 뿐이라는 그 가르침이 어린 내게는 퍽 충격적이었다.

그 이후 나는 인터넷을 하면서 무언가 떠오를 때와 인터넷을 끈 채로 무언가를 생각할 때, 이 두 가지 순간을 무 자르듯 구분했다(고 믿었다). 20대가 되어 '신문방송학'을 전공으로 선택했는데, 이듬해 학과 이름이 바뀌면서 '신문'은 말끔하게 잘려나갔고 대신 그 자리를 '미디어'가 채웠다. 인터넷을 마음껏 해도 될 것 같은 세상은 순식간에 현실이 되었다. 인터넷에는 온갖 아이디어들이 질서 없이 널려 있다. 인터넷을 하는 나는 가끔 그것들이 하나도 특별해보이지 않다고 여긴다. 중요한 건 특별한 걸 행하는 게 아니라 먼저 해내는 것인데도.

그런 건 나도 하겠다

기절 잠

📑 베개에 머리를 갖다 대자마자 기절하듯 잠
드는 현상을 일컫는 말.

💬 '잠은 죽어서도 잘 수 있다'는 하나 마나 한
소리를 하면서 새하얗게 지새운 밤들의 결과.

구구 과거 온라인에서 자주 사용되었던 '떡실신'의 고상한 버전. 과로로 대표되는 한국 사회의 일반적인 수면 패턴으로, 한국의 작업자라면 누구나 경험해봤을 세미(semi)-기절의 한 종류다. 수면 관련 현대인의 관심이 높아지면서 '기절 잠'을 우스갯소리가 아닌 기면증이나 과수면증 등 수면과 관련한 질환으로 이해하는 사람이 늘었다. 자주 기절하듯 잠드는 사람이라면, 한 번쯤 자신이 잠에 든 것이 아니라 실제로 기절한 건 아닌지 의심해볼 필요가 있다.

해인 피아니스트이자 작곡가 윤한이 수면 문제를 겪고 있는 가족을 위해 만들었다는 『Sleeping Science』 시리즈 음반의 덕을 톡톡히 본 적이 있다. 그는 사람들의 수면 상태에서 나타나는 신체 변화를 면밀히 연구했고, 신경정신학 및 뇌과학의 원리를 바탕으로 음반을 만들었다. 그리고 나는 이 앨범이 어떤 사람들에게 효험을 가질 수 있었던 이유가, 예술가 윤한이 과학을 이겨버릴 만큼의 진심을 갖고 있었던 덕분이라 생각한다. 가까운 사람의 숙면을 바라는 마음 말이다.

완성도에 대한 강박 혹은 한 사람이 도무지 처리할 수

기절잠

없는 일정을 손에 들고 있을 때 야간 근무가 지속되고 리듬이 깨진다. 이들은 자고 일어나서 개운함을 느끼는 숙면을 일상의 일부가 아니라 특별한 이벤트로 여기며 삶을 전력 질주한다. 그렇게 종종 주변 사람들로부터 걱정을 산다.

④
표
현

당분간 홍보 모드

作業者를 실용적인 로봇으로 설계한다면, 단 두 가지 모드만 세팅해도 충분할 것이다. 작업 그리고 홍보.

광장을 가로지르는 철판 인간이 된 것만 같은 기분을 겸손하게 표현한 말.

構구 무한 경쟁의 장인 온라인 플랫폼이 대거 등장하면서, (많은 일들이 그러하듯) 홍보 역시 작업자에게 떠맡겨졌다. 이로써 현대의 작업자들은 천담 마케팅 부서를 가진 하나의 브랜드가 되었고, 퍼스널 브랜딩을 통해 작업을 효과적으로 알리기 위한 방안을 고안하기 시작했다. 이들은 과거의 예술가들처럼 가난에 허덕이며 살다 죽은 뒤에야 이름이 알려지는 일을 원하지 않기 때문에, 자신이 가진 각종 채널을 통해 살아 있는 동안 자신의 작업을 알아봐줄 것을 요청한다. 그러나 작업 시장은 여전히 분야를 막론하고 돈 얘기를 직접적으로 하는 것을 속물적이거나 잘못되었다고 여긴다. 그래서 나를 포함한 많은 작업자들은 '여러분(0명), 새 작업물이 나왔습니다. 당분간 홍보 모드 양해 부탁드려요(쑥스)(부끄)' 같은 쿠션어 범벅의 문장을 올릴까 말까 고민하며 오늘도 머리를 쥐어뜯는다.

解인 책이 출간됐다고, 행사 신청 페이지가 열렸다고, 크라우드펀딩이 열렸다고, 그게 무엇이든 오랫동안 준비해왔던 프로젝트가 공개되었다고 세상에 알려야 하는 홍보 타이밍이 온다. 나 아닌 영업사원을 연기하기 위해 서툰

④
표현

대본을 검토하고 무대로 나아가야 한다. 관객들은 당분간 나의 일상과 생활에 대한 이야기는 전해 듣지 못할 걸 각오해야 한다. '누구나 내 일상과 생활을 궁금해한다고 믿다니, 너무 자의식 과잉 아니야?'라는 마음의 소리가 들린다.

"저는 사실 자기 PR을 잘 못하는 사람이에요"라는 말은 금기다. 자신이 한 일을 요령 있게 알리는 건 어렵다. 그러니 누군가가 당분간 홍보 모드에 진입했을 경우 너그럽게 봐주어야만 한다. 곧 그의 너그러움에 기대야 할 시기가 오기 때문이다.

많관부 (많은 관심 부탁드립니다)

🔖 많은 관심을 요하는 작업을 홍보할 때 민망함을 감추기 위해 사용하는 말.

💬 무한히 스크롤을 내릴 수 있는 온라인 세계에서 나를 향해 약간의 마음을 나누어 달라고 말하는 일.

구구 '관심이 화폐가 되어버린 시대'[*]에 맒관부는 '내 작업물에 시간과 돈을 투입하여 나의 생계를 지원해달라'는 말의 점잖은 표현이다. 왜 작업자는 '돈 좀 써달라'는 말을 직접적으로 할 수 없을까. 이것은 돈을 중요하게 생각하면서도 돈 얘기를 금기시하는 이상한 사회에서 발생한 촌극이다.

이제부터라도 직접 "내 작업물을 사주세요"라고 말하는 건 어떨까 싶다가도, 지금 많은 사람들의 관심이 향하는 곳이 시간과 정성을 투자한 창조적 작업물이 아닌, 단 30초에 휘발되는 엽기적인 기행이나 자극적인 행위들인 점은 애석하다. 이러한 흐름 속에서 작업자들은 자신의 노력에 이따금씩 허탈함을 느낀다.

나의 작업에 비용을 지불해야 하는 마땅한 이유를 설명하고 상대를 설득하는 일은 갈수록 어렵다. 그렇게 작업자들은 관심을 요하는 작업을 지속적으로 생산해내면서도 '내 작업물을 사달라'는 말을 삼킨 채 고요한 새벽녘 홀로 나는 뜸부기처럼 그저 '맒관부…맒관부…' 하고 작게 울 뿐이다.

맒관부

[*] 임홍택 『관종의 조건』 웨일북 2020, 49쪽

'많관부'를 구성하는 어원 중 가장 중요한 비중은 '많은'도 아니고(그 양이 적더라도 있기만 하면 괜찮으니까), '부탁'도 아니고(부탁하는 사람 치고는 이 말이 정중해 보이지 않을 확률이 높으니까), '관심'에 있다. 이는 진심으로 관심이 우러나오지 않는다고 냉담하지 말고 관심이 있는 척이라도 해달라는 거다. 위선이라도 좋다.

한편, 예술을 통한 관심의 확장에 흥미를 가지고 있는 시각예술가 제니 오델은 관심의 질과 지속시간에 집중한다. "정신과 몸을 하나로 모아 같은 곳을 지향하는 것. 어느 하나에 관심을 기울이는 것은 나머지에 관심을 기울이지 않기 위해 저항하는 것과 같다"*는 말을 들으면 그동안 잘못 살아온 것만 같다. 제니 오델은 (흔히 '탐조'라 불리지만 자신이 새로이 명명한) '새 알아차리기' 활동을 통해 이런 것들을 훈련해왔다는데, 그렇다고 남의 취미를 무작정 따라 할 필요는 없을 것이다. 그럼, 무엇부터 하면 좋을까?

* 제니 오델 『아무것도 하지 않는 법』 김하현 옮김 필로우 2021, 149쪽

무슨 생각을 해 그냥 하는 거지

혼자만의 힘으로 작업을 이어가야 하는 작업자가 실행하기 어려운 실천주의적 마인드.

생각은 물론이고 느낌과 기분에 휘둘리는 작업자를 위한 일침.

구구 김연아 선수의 훈련 버전을 시작으로, 정상급 아티스트들이 이와 비슷한 말을 언급한 영상이 클립으로 엮여 일종의 사회현상으로 자리 잡았다. 작업자에게 귀감을 주기 위해 잊을 만하면 한 번씩 각종 SNS에 업로드되는데, 업무를 자주 미루거나 아이디어를 실행으로 옮기지 못하는 작업자의 두려움을 떨쳐내는 용도로 활용된다.

클립을 본 많은 사람들이 간과하고 있는 지점은 영상 속 이들이 생각하지 않기 위해 많은 이들로부터 조력을 받고 있다는 사실이다. '그냥' 하는 게 가능한 사람의 곁엔 대신 생각하고, 대신 문제를 해결해줄 조력자가 있다. 1인 작업자가 생각하지 않은 채로 작업에 돌입할 수 있는 경우는 돈이든 사람이든 '조력'이 존재하는 경우뿐이다. 1인 작업자는 작업뿐 아니라 자기 삶에 대해 끊임없이 고민하고, 결정하고, 실행하며, 실패 또한 온전히 감수해야 하므로 애초에 그냥 한다는 것은 판타지인 셈이다.

해인 카메라가 훈련 직전 몸을 풀고 있는 현역의 김연아 피겨 선수를 비춘다. "무슨 생각 하면서 (스트레칭을) 하

④ 표현

세요?"*라는 기자의 질문에 대한 그의 답변은 각계 작업자들의 마음에 단단히 심긴다. 누군가의 재능은 쉽게 따라 할 수 없어 보이고 꾸준함은 오히려 더 불가능한 역량처럼 느껴진다. 김연아의 답변은 우리의 느낌과 기분이 진실을 외면하는 눈속임일 뿐임을 정확히 알려준다.

연예계 생활 10년 차인 부석순은 '힘내야지 뭐 어쩌겠어'(「파이팅 해야지(Feat. 이영지)」)를 꼬인 데 없이 부르고, 17년 차인 키는 'OK 잘하고 있어 난 이겨내고 있어'(「Good & Great」)라며 산뜻한 주문을 건다. 온 우주가 생각을 그만하고 실행에 옮길 것을 요구하고 있다.

무슨 생각을 해 그냥 하는 거지

* MBC 「퀸연아! 나는 대한민국이다」 (2009. 5. 17.)

백수

🗂 어른들이 쉽게 이해할 수 없는 직업을 가진 작업자들을 낮잡아 부르는 말.

💭 경제적 자유보다는 시간적 자유를 선택한 것이라 스스로 의미부여를 할 때 쓰는 말.

구구 고등학생 때, 사촌 언니의 결혼식 피로연에 모인 친척들이 백수인 언니가 시집이라도 잘 가서 다행이라는 말을 했던 기억이 난다. 언니를 보며 혀를 끌끌 차던 어른들은 내게 나이 삼십 줄에 쟤처럼 놀지 말고, 직장에 다니며 착실하게 돈을 모아야 한다는 조언을 잊지 않았다. 직업인의 세계에 무지했던 나는 언니가 정말로 백수인 줄 알았다. 저렇게 되지 말아야지 하는 마음도 조금은 가졌더랬다. 나중에 알고 보니 언니는 13년차 일러스트레이터였다. 친척 어른들은 사촌 언니의 직업을 집에서 속 편하게 그림이나 그리는 백수 정도로만 이해했던 것이다.

남의 이야기일 땐 웃긴 사연이지만, 애석하게도 우리 가족 사정도 크게 다르지 않다. 부모님께 처음으로 독서 모임 플랫폼을 운영하고 있다고 말했을 때 제일 먼저 돌아왔던 답은 "모임 만들어서 돈 버는 일이 어딨어?"였다. 부모님에게 모임이란 등산 모임이 전부였기 때문에 어쩌면 당연한 반응이었다. 정장을 입고 9시에 출근해서 6시에 퇴근하는 일만을 번듯한 직업인의 모습으로 여겼던 부모님에게 눈꼽만 뗀 채 책상에 앉아 글을 쓰는 내 모습은 생소했으리라. 이후 세금 납부 내역이나 작업물로 내가 일하는 사람이라는 걸 거듭 증명해보였지만, 나는 부모님에게 여전히 백수다.

해ⓘ 먼저, 시간이 생긴 백수는 바깥으로 나선다. 미뤄둔 핫플 도장 깨기를 하거나, 가까운 곳으로 2박 3일 퇴사여행을 다녀오며 다음을 기약한다.

다시 일상으로 돌아온 백수의 하루는 바쁘다. 장을 보고 삼시 세끼 요리를 해 먹거나 새로운 취미를 시작하면서, 하루의 끝에는 마치 '참 잘했어요' 도장을 찍는 초등학교 담임 선생님의 심정으로 스스로를 바라본다. 점점 얇아지는 지갑 사정을 고려해 '무 지출 챌린지'에 도전해 보기도 하지만, 동시에 장기적인 투자라고 스스로를 합리화하며 꼭 가지고 싶었던 스마트 기기를 18개월 할부로 구매하기도 한다. 시간적 자유를 증명하는 방법 중 하나는 '백수 브이로그'의 꾸준한 연재다. 대개 이 시리즈의 마지막 에피소드는 '백수 탈출' 편이다.

탈출이 예정된 시간. 그만큼 이들은 아주 많은 일들을 했음에도, 1인분의 몫을 다하지 못하고 있다고 느끼며 백수 상태에서 벗어나고 싶어 한다. 모두들 어떻게든 사회가 쉽사리 인정해주지 않는, 무엇보다 자기 자신이 납득할 수 없는 임시의 시간을 잘 보내기 위해 분투한다.

백수

④
표현

영광

🗂 겸손을 표현하며 미래에 함께 작업하게 될 사람들에게 어필하는 단어.

💭 평정심을 찾기 어려울 정도로 좋은 일을 경험한 작업자가 자신의 상태를 대외적으로 드러낼 때 쓰는 말.

구구 영광을 돌리는 일은 스포트라이트를 받는 사람 이외의 이들에게 조명을 비추고, 그들과의 미래의 협업 가능성을 열어젖힌다.

영광은 과거의 무언가를 그리워하는 마음으로 사용될 때는 꼰대의 언어가 된다. '꼰대'라 불리는 이들은 과거의 영광에 젖어 쓸데없는 조언을 늘어놓는데, 작업자들은 그들의 조언을 들으며 영광이 만들어진 자리에 있었을 무수한 조력자들의 존재감을 희미하게나마 떠올린다. '그 사람들은 저 사람을 어떻게 버텼을까' '저런 사람이 어떻게 그런 자리까지 오르게 됐을까' 하면서. 이렇듯 영광은 시제에 따라 사라진 조력자를 비추거나 지우는 용어로 활용된다는 점에서 모순적인 양태를 띤다.

해인 평소 흠모하던 동종 업계인이 자신의 작업물을 샤라웃하거나, 대형 클라이언트로부터 협업 제안 메일을 받으면 발이 공중으로 둥둥 떠오르게 된다. 동시에 포커페이스를 유지한다. 좋은 일을 기념하고 축하를 나누어야 하는 순간이 찾아와도 객관적으로 상황을 파악하고자 애쓴다. 아니, 실은 호들갑을 감추며 그는 SNS에, 메일에 이렇게 입력하는 중이다. "정말 영광입니다."

영광

④
표현

오운완 (오늘 운동 완료)

🪨 30대에 접어든 작업자가 필연적으로 맞닥뜨리게 되는 삶의 과제이자 '잘' 사는 삶을 측정하는 하나의 지표.

🫘 코어 근육 단련까지는 바라지도 않는 작업자의 소박한 생존 신고법.

구구 오운완은 계속된 자기 관리 장면의 노출을 통해 클라이언트의 호감을 살 수 있는 자기 PR의 수단이 되기도 한다. 다만 누군가를 의도치 않게 배제하는 부작용도 있다. 예컨대 손상된 몸을 가진 이들이나 운동 시간을 확보하기 어려운 노동자 등 정상성 바깥에 놓인 몸들에게 오운완은 가장 낯선 해시태그이자 수행 불가능한 사회적 요구이기도 하다.

해인 일상의 기초체력을 위해 운동을 시작했지만 이내 운동하기 위해서는 기초체력이 필요함을 느낀다. 이런 뫼비우스의 지침 구간을 지나고 나면 운동의 재미가 찾아온다. '오운완'은 진정한 '완료'가 없다는 것을 인지하며, 일단 하루치의 운동으로부터 퇴근했음을 불특정 다수에게 선언하는 일이다. 퇴근이 있다는 건 출근이 있다는 의미이며, 한 번 오운완을 외친 자의 오운완은 앞으로도 계속된다.

시작이 어렵지만, 운동의 동기는 거창하지 않아도 좋다. 가상의 케이팝 아이돌 강민과의 영상 통화 팬 사인회를 기다리는 팬의 모습을 롤플레잉 한 강유미의 혼잣말을 듣다 보면 미루던 운동을 시작하고 싶어질지도 모른

오운완

④
표현

다. "아, 나 근력운동 좀 해야지 진짜 안 되겠다. 요새 왜 이렇게 피곤하지? 무슨 소리 하는 거야 지금. 내 최애가 전성기를 맞이하기 직전이라고요. 최애의 전성기와 나의 체력이 적절한 조화를 이루어야만 바르게 덕질이 이루어질 수 있는 것이야, 알겠니?"*

* 「[ASMR] VIDEOCALL with 영통팬싸 후기」(유튜브 〈강유미 좋아서 하는 채널〉, 2021. 1. 21.)

윈윈 win-win

⬚ 협상 당사자들 모두의 요구를 만족시킬 수 있을 때 주로 사용하는 말.

◌ 스포츠 경기에는 있지만 작업의 세계에는 없는 것.

구구 클라이언트와 작업자가 협상 테이블에 앉아 있다. 클라이언트는 작업자에게 터무니없이 낮게 책정된 가격표가 붙은 작업을 의뢰해오며 '우리 모두가 윈윈 할 수 있는 좋은 기회'라고 말한다. 패를 건네받은 작업자는 새로운 금액을 제시하며 '이것이야말로 우리가 윈윈 할 수 있는 좋은 기회'라고 대꾸한다. 클라이언트는 작업자가 건넨 패를 내팽개치며 '사실 나는 나만 윈win 하고 싶고, 너의 윈win은 고려해야 할 대상이 아니'라고 말한다. 그러나 협상은 결렬되지 않는다. 클라이언트가 건넨 그 패는 일부 작업자를 제외하고는 그들이 말한 것처럼 '기회'가 분명하기 때문이다. 그것의 좋고 나쁨은 중요하지 않다. 오직 중요한 것은 내게 계속해서 작업 의뢰가 들어온다는 사실, 단지 그뿐이다.

원
원

해인 올림픽이나 월드컵 등 국제 대회 시즌에는 내 안에 있었는지 미처 몰랐던 기를 끌어모으는 선택적 응원단이 된다. 시즌 특수로 각종 브랜드 SNS 계정이 주최하는 경기 점수 베팅 게임에 가뿐히 참여하기도 한다. 언뜻 보기에 별 고민 없이 기획된 이벤트 같아도, 이 기회에 채널의 팔로어를 모아야 하는 의무를 떠앉은 작업자의 일이다

(그리고 나는 언제나 최종 결과를 정확히 맞추고 기꺼이 제세공과금을 지불하며 아이패드, 하이엔드 스피커 같은 것들을 수령하고 싶다!).

선수 개인이 다져온 기량이 어느 정도 궤도에 오른 듯 보이고, 그날따라 상대 선수의 실책이 잦으며 수온, 잔디 등 경기장의 컨디션까지 우리 선수를 도와주고 있다는 중계진의 멘트를 들을 때면 희망에 부풀어 오른다. 그럼에도 그날의 결과가 패배로 돌아올 때면, 중계진은 성급히 멘트를 덧붙인다. "졌지만 잘 싸웠습니다." 진 팀도 무언가를 얻어간다는 의미다.

그러나 일에서는 졌지만 잘 싸운 건 없다. 일하기도 바쁜 시간에 싸움을 하기로 택했다면 이겨야 한다. 계약서의 세부조항이, 성과에 대한 보상의 부재가, 관행으로 굳어진 비윤리적인 선택 같은 것들이 우리를 싸우게 만들 때 싸움의 상대가 말하는 '윈윈'은 언제나 사탕발림일 확률이 높다.

이슈

🔲 작업자들이 두 번째로 두려워하는 단어(첫 번째로 두려워하는 단어는 단연 '마감'이다).

🍥 이해를 돕기 위한 세부사항이 누락된, 고독한 두 글자.

구구 클라이언트는 작업 진행 중 발생하는 모든 문제를 '이슈'라 칭하며, 작업 중단을 암시하는 플래그를 세운다. 작업자는 이슈로 뭉뚱그려지는 모종의 사건에 의해 그간 진행해온 작업에 대한 비용을 청구하지 못하는 상황에 이를 수 있어 예민해질 수밖에 없다.

작업자에게 발생하는 이슈로는 대체로 과로로 인한 결과일 때가 많다. 웹툰 작가들이 휴재를 결정할 때 독자들에게 '건강상의 이슈'로 인해 휴재를 결정하게 됐다는 공지를 띄운다는 점에서 그렇다.

해인 모두의 삶에는 각자의 사정이 있듯, 모든 작업자에게는 저마다의 이슈가 있다. 까다로운 변수와 돌발상황을 먹고 자란 이슈는 점점 제 몸집을 부풀린다. 함께 일하는 이들을 향해 정중하게 양해를 구해야 하는 타이밍이 도래했지만, 담당자는 이슈가 있다는 말만을 남기고 사라져버린 후다. 무통보 잠수보다는 이슈가 있다고 말해준 사람과의 헤어짐이 더 나은 것일까. 이슈 없는 세상에서 살고 싶습니다.

이
슈

④
표
현

인용

□ 큰따옴표에 사로잡힌 문장들.

◯ 작업자가 가지고 있는 확증편향에 힘을 실어
주는 존재.

구구 자주 인용되는 인물 혹은 문장은 대체로 널리 알려진 사람(의 것)인 경우가 많은데, 인용의 설득력은 그 사람의 이름이 갖는 힘에서 오기도 하기 때문이다. 작업자가 마음에 품고 있는 인용구들은 작업의 바탕이 되기도, 작업의 방향성을 잃었을 때 중요한 지침이 되기도 한다. 실패한 작업자가 품고 있는 인용구는 영원히 알 길이 없지만, 성공한 작업자의 인용구는 각종 매체의 인터뷰를 통해 자주 노출되기 때문에 또 다른 작업자의 인생 인용구로 활용될 가능성이 높다.

해인 원문을 쓴 사람과 인용하는 사람 사이. 인용구는 세상에 비슷한 사고방식을 공유하는 이가 벌써 둘이나 된다는 걸 보여준다.

인용할 때, 굳이 직접 원문을 찾아보는 사람의 비율이 현저히 적다 해도 정확한 출처를 밝히는 건 중요하다. 인용 시 원 출처를 밝히기, 원문이 웹페이지로 접근이 가능할 경우 전문을 볼 수 있는 링크를 함께 달아두기, 현재 시점에서 출처를 정확하게 모를 경우 출처가 파악되는 대로 업데이트하겠다고 표기하기. 번거롭고 귀찮아서가 아니라, 그런 일이 꼭 필요하지 않다고 여겨서 하지 않기

④ 표현

를 선택하는 사람들이 많다.

　동일한 문장을 인용할 때 "A를 인용합니다"와 "A를 언급했던 B에서 재인용합니다"라고 달리 쓰는 경우가 발생할 수 있는데, 무언가를 가져다 쓰기로 선택할 때의 맥락이 저마다 다르기 때문에 구분이 필요하다. 반복적으로 온갖 군데서 회자하는 문장일수록 또 다른 글에 힘을 싣기 위한 기능적 요소를 제거하고 원문 그대로 읽힐 필요가 있다. 그러니 인터뷰 기사, 칼럼, 뉴스레터를 보다가 스크린 샷으로 떠둔 내 머리를 치고 내 마음을 울린 문장들을 온라인에 올릴 때는 꼭 출처를 함께 기재해주면 좋겠다. 그때그때 출처만 표기한다면, 그 출처를 다리 삼아 누군가 다른 신세계를 만날 수 있다면, 전 맨체스터 유나이티드 FC 감독 알렉스 퍼거슨의 말*마따나 SNS는 인생의 낭비라는 시선에서 벗어날 수 있을 것이다.

인용

---

* '2011년 5월 21일 ESPN 사커넷과의 인터뷰에서 "왜 트위터로 다른 사람을 성가시게 하는지 이해가 안 된다. 인생에는 트위터 말고도 해야 할 일이 너무나 많다. 그럴 시간에 도서관에 가서 책을 읽는 게 낫다. 트위터는 심각한 시간 낭비에 불과하다"고 말했다.' (https://www.ajunews.com/view/20110521000015)

작업하기 좋은 카페

🔲 매장이 넓어 사장님에게 눈치가 보이지 않으며, 콘센트가 충분하고 요란스럽지 않은 노래가 흐르는 곳.

💬 객단가에 회전율을 곱한 값으로 이윤을 창출해야 하는 카페 사장님이 상상해본 적 없던 그림.

구구 내가 사용하는 지도 앱에는 '작업하기 좋은 카페' 폴더가 있다. 이 폴더는 포털 사이트에 '작업하기 좋은 카페'를 검색해서 나온 결괏값을 저장해두거나 카페 큐레이션을 해주는 인스타그램 계정들로부터 얻은 정보를 토대로 만든 나만의 빅데이터다. 다른 작업자들도 빈번하게 출몰하는 장소가 있다면, 그곳은 별다른 검증 절차 없이 곧장 명예의 전당에 등극한다. 부동산 가격 상승으로 카페에서 작업하는 작업자가 늘어나면서, 아예 '작업하기 좋은 카페'에 알맞게 인테리어를 하고 홍보를 하는 가게도 느는 추세다. 이러한 카페들은 음료에 '자릿세'를 포함하여 받기 때문에 기존 카페에 비해 가격이 높게 책정된다. 마음에 드는 카페를 발견한 작업자들은 소중한 공간을 잃지 않기 위해 작업하는 동안 두세 잔의 음료나 제법 가격이 나가는 디저트를 추가해서 먹는다.

해인 작업자들 사이에서 일이 잘된다고 소문난 카페. 이론적으로 그곳의 공간 입장료는 커피 한 잔 값이다. 그러나 마음에 맞는 공간을 찾은 순간 작업자는 다짐한다. 만일 내가 회전율을 낮추고 있다면 재주문율에 기여해야 마땅하다고. 해야 하는 일을 다 못 끝내고 자리를 뜨는 한

이 있더라도, 오늘의 나는 이곳에서 지출비용만큼은 2인
분 손님 몫을 해낼 것이라고. 그러니 작업하기 좋은 카페
라 소문난 곳에서 간단하게나마 식사 메뉴까지 주문할
수 있다면 더욱 좋다. 일에 빠져들었다가 밥때를 놓쳐서
는 곤란하기 때문이다.

　무엇보다, 도시 속 카페들이 다른 사회 구성원들과 섞
이지 않는 작업자들만의 세계가 되는 건 지양해야 한다.
일하는 사람이 최소한의 집중력을 원한다고 하여, 영유
아 손님의 입장이 제한되어야 할 이유는 없다.

지면의 한계

🗂 다양한 사람의 이권이 복잡하게 얽힌 정치적 문제 중 하나.

🫘 주로 온라인에서 글 기반의 콘텐츠를 발행하는 작업자가 뼛속 깊이 겪는 성장통.

구구 문화체육관광부가 진행한 2021년 문학 실태조사 (2020년 기준)에서 작가들은 문학창작 과정 중 겪은 어려움으로 '소득이 없거나 낮은 것'과 '작품 발표를 위한 지면의 부족함'을 뽑았다. 인플루언서 또는 스타 작가에게 허용되는 지면에 비해 신인 작가나 유명하지 않은 연구자에게 허락되는 분량이 극히 적은 건, 주어진 분량 내에서 이야기해야 하는 안/못 유명한 필자가 더더욱 신경을 곤두세울 수밖에 없는 이유다.

필자들은 주어진 지면 내에서 자신의 논리를 충분히 전개하기 어렵기 때문에 안전하고 수사적인 방향으로 글을 쓰거나 사실 위주의 정보 전달성 글을 쓸 가능성이 높다. 이러한 행위로는 독자가 진정 갈망하고 필요로 하는 내용을 지면의 한계로 전달하지 못할 가능성, 자신의 주장을 효과적으로 펼치지 못해 다음 지면을 얻지 못할 가능성이 높다.

지면의 한계

해인 모든 한계가 가진 속성이 그렇듯, 정말로 한계 상황에 놓이기 전까지는 그 어려움을 막연하게만 짐작했다. 나는 대부분 온라인 공간에서 글을 썼고, 적게는 수백 자부터 많게는 수만 자에 걸쳐 한 주제에 관해 이야기를 풀

④ 표현

어냈다. 때로는 외주 매체로부터 "분량에 구애받지 말고 자유롭게 써주시면 된다"는 요청을 받기도 했다. 그러다 잠시 종이잡지를 만들게 됐다. 주어진 지면(誌面)보다 넘치는 문장들을 줄이고, 자르고, 덜어내는 일련의 과정은 지치지도 않고 반복됐다.

그러니까 한계를 스스로 결정 짓지 말고 뛰어넘으라는 메시지는 스포츠 브랜드 광고 카피에나 어울릴 일이다. 운동하느라 뭉친 근육을 또 한 번의 운동을 통해 푸는 사람들, 자기가 가지고 있는 모든 에너지를 위치 에너지로 준비할 전환이 된 사람들에게는 그들이 딛고 있는게 진흙탕이든 비포장도로든 어떤 지면(地面)도 한계로 느껴지지 않을 게 아닌가?

투 두 리스트 to do list

📑 수학의 법칙을 가뿐하게 무시해버리는 작업 과정의 일부.

🌓 깨끗이 분리수거를 시도하지만 매번 보란 듯 재활용되는 것.

구구 투 두 리스트를 작성하는 일은 1+1=2라는 자명한 사실을 배반한다. '2'라는 규모의 작업물을 만들기 위해서는 사실 1+1+1+1⋯+1과 같은 무수히 많은 '투 두'가 필요하기 때문이다. 우리는 이렇게 투 두 리스트를 작성하는 순간에서야 비로소 작업의 규모를 실감한다.

인터넷에 떠도는 자가 진단표 결과로 자신을 ADHD 환자로 진단한 일부 섣부른 작업자들은 ADHD 행동치료 서적을 정독하며 자신의 미루는 습관을 해결할 방책을 모색한다. 이때 투 두 리스트는 ADHD 행동 개선과 갓생을 위한 효과적인 실행 방법으로 제시된다. 책에서는 "'작게 시작하는' 마음으로 자신이 없을 때는 많은 일정보다는 적게 일정을 짜고, 적어도 계획표에 익숙해질 때까지는 과제들과 약속들 사이에 많은 여유 시간을 갖는 편"*이 좋다고 말한다. 더불어 "행동을 시작하는 가장 작은 단계를 정하기"** 등을 제시하는데, 작업자는 투 두 리스트 작성법을 통해 보다 더 완벽한 노동자로 거듭난다.

투
두
리
스
트

* 러셀 램지, 앤서니 로스테인 『성인 ADHD의 대처기술 안내서』한국성인 ADHD임상연구회 옮김 하나의학사 2019, 72쪽

** 같은 책, 100쪽

(해인) 지난주에 다 털고 왔어야 하는 일들이 이번 주까지도 노트 위에 당당하게 살아남았다. 처음부터 현실적으로 할 수 있는 일들만 적어두었다면 좋았겠지만 스스로의 역량을 과신하며 목록을 작성한 탓이다.

투 두 리스트 쓰기의 대표적인 부작용은 해야 할 일을 열거하는 행위 자체가 이미 일을 하고 있다는 도취감을 불러일으키는 데에서 생겨난다. 실제로는 아무 일도 진행되지 않음에도 불구하고 일을 다 한 듯한 기분을 얻는다. 여러 마감일이 눈앞에 맞물려 있을 때, 작업자는 가장 먼저 투 두 리스트를 의심한다. 일의 총량은 변하지 않는데도, 똑같은 내용을 더 체계적으로 더 단순하게 채워넣을 수 있는 새로운 생산성 도구에 기대어본다. 사용 방법을 터득하는 데에 작업에 투여할 시간을 써서라도 이를 기꺼이 감수하고자 한다. 그러나,

투 두 리스트가 일목요연하다는 게 그 사람이 일을 깔끔하게 처리해낸다는 뜻은 아니다.

투 두 리스트가 예쁘다는 게 그 사람이 일을 아름답게 한다는 뜻도 아니다.

④
표
현

347

틀어놓기 좋은 영상

작업을 방해하지 않으면서 효율을 높여주고, 지루함과 외로움을 해소해주면서 사고(思考)에 지나치게 침범하지 않아야 하는, 까탈스럽게 선정된 만능 영상.

기획 의도와는 달리 소비되는 것처럼 보이는 최신 유행 콘텐츠.

구구 카페 백색소음 영상을 필두로 작업하는 동안 틀어 놓기 좋은 영상들이 꾸준히 업데이트된다. 틀어놓기 좋은 영상은 첫째, 대사가 없어야 하고(또는 자국어가 들리지 않아야 하고) 둘째, 소리나 장면의 역동성이 적어 작업에 방해가 되지 않는 수준으로 이어지며 셋째, 영상의 길이가 충분히 길어야 한다. 이 조건들을 갖춘 영상을 많은 작업자들이 까탈스럽게 찾아 헤맨다. 최근 트위터에 '가속노화' 내용이 자주 언급되면서, 작업을 하는 동안 영상을 틀어놓는 일 역시 인지저하증을 유발한다는 기사가 올라오기 시작했는데 '이미 글렀다'는 자조와 함께 여전히 틀어놓기 좋은 영상의 추천 타래는 계속 이어지고 있다.

해인 나는 '틀어놓기 좋은 영상을 직접 틀어봤습니다, 일일 체험기'라는 제목의 콘텐츠를 만들어야 하는 게 아니고서야 어떤 영상도 그냥 틀어두고 싶지 않다. 모든 영상은 원작자의 제작 의도에 따라 만들어지는데, '틀어놓기 좋은'이라는 수식어는 원작자의 의도를 그저 공중에 흘려보내는 것처럼 느껴지기 때문이다.

④ 표현

티타임

🗐 미팅보다는 가볍게, 목적이 없는 만남보다는 묵직하게 느껴지는 미지근한 온도의 관용어.

💬 잠을 깨우거나 점심을 소화시키기 위한 식으로 목적이 뚜렷한 '커피 타임'과는 구별되는 시간.

구구 "차 한잔해요!" 또는 "티타임 한번 가질까요?"는 이제 작업자들 사이에서 "언제 한번 밥 먹자"보다 많이 쓰인다. 식사는 그 뒤에 차를 마시는 스케줄까지 포함하는 행위 때문에 오랜 시간 이야기를 나눌 수 있는 친밀한 사이에서만 가능한 반면, 차는 긴 시간을 투자하지 않을 수 있어 서로의 작업 시간을 확보할 수 있다는 점과 번거롭게 차려야 할 예의들(서로의 입맛과 기호, 신념에 맞게 메뉴를 정하고, 수저를 놓고 물을 따르며, 이에 무엇이 끼진 않았을까 고민하는 모든 과정)로부터 자유롭다는 점에서 상당한 이점이 있다.

해인 반드시 차tea를 마실 필요는 없으며, 뭘 마셔도 크게 상관은 없다. 일부 조직은 채용과정에서 1차 인터뷰를 티타임으로 대체하기도 한다. 경직된 분위기의 미팅룸이 아닌 원두 향이 감도는 카페에서 자유롭고 풍부한 대화가 이루어지리라는 기대가 있기 때문이다.

한편 조직 내부에서의 티타임은 팀원이 상사에게 "일대일로 긴히 드릴 말씀이 있는데요"라고 운을 띄운 결과를 한층 더 세련되게 표현한 말로도 쓰인다. 소설 『언러키 스타트업』에서는 "커피는커녕 과자 가루 한 톨 없었지만, 우리가 머그잔을 들고 모이므로 그럭저럭 티타임이 되는 자리"*로 이 시간이 묘사되기도 한다. 소설 속 주인공 김다정은 강연 미디어 스타트업 '국제마인드뷰티콘텐츠그룹(kuk-je mind beauty contents group)'에 출퇴근하는 자신이 "이 회사에서 기획, 마케팅, 영업, 제작, 홍보를 되는대로 해치우는 나"**라는 사실을 알고 있다. 그의 눈에 티타임은 허울 좋은 시간일 뿐이다.

티
타
임

* 정지음 『언러키 스타트업』 민음사 2022, 26쪽
** 같은 책, 24쪽

핏 | fit

▭ 조직이 채용이나 외부 작업자와의 업무 조율 과정에서 개인과 조직 간의 적합성을 확인할 때 사용하는 단어.

◯ 회사가 한 사람을 온전히 책임지는 대신, 임시적 관계임을 인지시키기 위해 쓰는 용어.

구구 핏은 본래 의미와 달리 점차 조직의 지시를 군말 없
이 따르고, 상사나 팀원과의 커뮤니케이션 과정에서 마
찰을 최소화할 수 있는 수용적인 인물을 찾아내는 용법
으로 변질되었다. 모호하고 주관적인 용어지만, "우리 조
직과는 핏하지 않아서"라는 말로 상대를 쉽게 단념시킬
수 있기 때문에 갑의 입장에서 간편하고 효율적이다.

해인 영국을 기반으로 활동하는 극작가이자 시인 데버
라 리비는 어느 날 이웃의 호의로 이웃집에 딸린 헛간에
자기만의 집필실을 마련하게 된다. 행운의 주인공이 들
려주는 공간 이용기는 다음과 같다. "우리 모두가 서로의
잔인함과 친절함에 결부돼 있음을 깨닫는 데는 3개월의
생활이면 충분하다."*

핏

나에게도 '최적화된 버전의 나'를 보여주기 위해 쌓아
왔던 3개월의 생활이 여러 번 있었다. 이직을 할 때마다,
새로운 곳에서 여전히 내가 쓸 만한 사람이라는 걸 증명
하기 위해 그 시간들을 보냈다. 적지 않은 회사는 신입뿐
아니라 경력직을 대상으로도 3개월 가량의 수습기간을

* 데버라 리비 『살림 비용』 이예원 옮김 플레이타임 2021, 50쪽

전제로 직원을 조건부 고용한다.

과연 회사와 개인이 서로에게 꼭 들어맞는 두 개체가 될 수 있는 걸까? 어느 조직이 '핏'이 맞지 않는다는 이유로 사람을 내보내는 걸 볼 때마다, 내 속에서는 "직원이 기장감이 짧으신 편도 아니고 왜 핏이 안 맞는다고 하시죠?"라는 말이 불같이 일어나고는 했다.

핏

④
표
현

해시태그 hashtag

🗨 한때 너도나도 사용했으나 이제는 고루한 문법이 되어버린 디지털 계륵.

🗨 작업자가 자기 작업물을 에고 서치하기 위한 '난이도 하'의 방식.

구구 과거의 해시태그 쓰임과 다르게, 최근의 해시태그는 사용자의 센스를 확인할 수 있는 포인트로 활용된다. #개성 #없는 #단어 의 #나열 보다 #독특한문장의형태로 #사용하는일이 #잦아졌기때문이다. 또 사람들이 주로 특정 단어를 강조하거나 하나의 그룹으로 # 뒤에 단어를 붙이면서 해시태그는 디지털 세대의 새로운 아카이브 방식이 되었다. 작업자들은 시장의 경향을 파악하기 위한 수단으로 리서치 과정에서 해시태그를 활용하기도 한다. 출판사의 경우 자사에서 출간한 도서 제목이나 책스타그램 등 독자의 반응을 살필 수 있는 해시태그를 팔로우한다.

오늘 새로운 것이 내일이면 금세 낡아지는 현대사회에서 해시태그 또한 생겨난 역사에 비해 금방 오래된 문법이 되어버렸는데, 이는 과도한 해시태그 사용이 힙하지 않다는 근래의 인식과 콘텐츠 시장을 '영상'이 장악한 상황에서 해시태그가 이에 걸맞는 문법이 아니라는 분석을 통해 알 수 있다. 게다가 알고리즘이 '인기 있는 태그'로 태그를 선별해 보여주면서, 해시태그를 통해 다양한 정보를 얻는 일조차 요원해졌다.

④
표
현

(해인) 인스타그램에서 자신의 작업물과 관련된 해시태그를 팔로우하면 매일 아침 눈을 뜨자마자 시장의 반응을 살펴볼 수 있다(만 하루 동안 반응이 전혀 없는 걸 확인하는 일까지 포함한다). 에고 서치는 물 흐르듯 좋아요와 공유로 이어지는데, 만일 책을 출간한 저자가 모든 후기를 인스타 스토리에 공유할 경우 팔로어들은 한동안 동일한 디자인의 표지를 바라보아야 하는 사소한 고역을 겪는다.

작업물에 관한 모든 반응이 해시태그로 일괄 조회되는 건 아니다. 해시태그를 작성하지 않은 채로 작업물에 대해 보완점을 제안하거나 쓴소리하는 소비자가 있다는 걸 알게 된 이후, 작업자에게는 요령껏 시장의 반응을 더 듣어가는 악취미가 생긴다. 작업물 제목의 초성, 사람들이 자주 헷갈리는 오탈자를 부러 포함해서 검색을 해보는 것이다.

후킹 hooking

🗂 일단 사람들을 그물에 포획하기 위해 무차별적으로 투척되는 마케팅 미끼.

💬 많은 사람들로부터 선택받는 작업물을 만들기 위한 밑작업.

구구 후킹은 본래 타깃이 원하거나 필요한 것을 던져주기 위해 고안된 마케팅 전략이었는데, 요즘은 단순하고 자극적인 문장으로 클릭수와 일시적인 관심만을 유도하는 후킹 문구가 점차 늘고 있는 추세다. 복잡다단한 인간 내면의 심리를 그린 작품을 '우울' '자살'과 같은 단어만으로 납작하게 소개하거나, 콘텐츠의 내용과 무관한 자극적인 단어의 나열로 눈길을 사로잡고 '그동안 감사했습니다' 같은 섬네일을 만들어 조회수를 올리려는 습관성 낚시가 대표적이다. 대중이 이러한 콘텐츠를 먼저 클릭해본다는 점에서 후킹은 어느 정도 성과를 발휘하는 것처럼 보이지만, 자칫 콘텐츠의 본질을 잃고 기존 구독자마저 잃을 가능성도 높기 때문에 유의할 필요가 있다.

후킹

해인 지난 케이팝의 역사에는 같은 가사를 여러 번 반복적으로 사용하여 만든 '후크 송 hook song'이 더러 포함되어 왔다. 노랫말에 포함된 감탄사나 정보값이 거의 없는 영어 단어를 따라 부르다 보면, 어느새 개인의 기호를 떠나 그 노래에 정이 들게 된다. 곱씹을수록 의미가 새로이 와닿는 가사보다는 무의식에 새겨지는 가사가 더 중요하다는 전략이다. 음악이 아닌 다른 분야의 작업자가 만든 후

킹한 결과물 또한 마찬가지다. 수단과 방법을 가리지 않
으면서 사람들의 시선을 끌고, 그들의 단기기억에 침투
한 후, 결국 저항 없이 받아들여지는 걸 목표로 한다. 후킹
이란, 좋은 걸 알아봐주는 이들에게 파는 일보다는 내가
가진 걸 최대한 많은 사람들에게 팔고 싶은 작업자가 의
도를 가지고 취하는 전략이다.

구석기 시대의 조상들이 도구로 맹수를 사냥해서 하루하루 어떻게든 살아갔다면, 현대인들은 각종 도구에 기대어 어떻게든 일을 해나간다.

업무관리의 도구: 노션

"개인적으로 말씀드리자면, 영어는 저의 모국어가 아닙니다. 그래서 외국어로 된 소프트웨어를 사용하는 것이 얼마나 답답한 일인지 잘 알고 있습니다. 이번 한국어 버전 출시를 통해 노션(Notion)이 나만의 맞춤형 도구가 되기를 바랍니다. 여러분도 Notion으로 문제를 해결하고 일상과 업무를 정리해 생산성을 향상시켜 보세요. 항상 건강하시고 행복하세요."
　-"이제 Notion을 한국어로 이용하실 수 있습니다!"(2020년 8월 10일, 노션 창립자의 메일 중에서)

지금으로부터 4년 전, 생산성 도구 노션의 CEO 이반
자오는 한국어 버전 정식 출시에 맞춰 그동안 이 도구를 한
번이라도 써본 사람들에게 위와 같은 인사말로 마무리되는
메일을 보냈다.

　나는 출근길에 그의 사려 깊은 메일을 읽다가 눈물을
훔칠 뻔했다. 그동안 알게 모르게 나는 일상적으로 얼마나
많은 영어를 접하면서 도구를 만지작거려야 했던가.
2020년 전후로, 한국은 북미 노션 이용자에 이어 가장
가파른 성장세를 보이는 시장이었다.

　한국이 이 도구에 빠르게 열광했던 이유는
무엇이었을까? 그건 한국 작업자들의 일일 노동시간이
긴 탓이었을 거다. 오래 일한다는 건 개인이 처리해야
할 업무량이 많다는 거고(잔업 처리반), 언제나
동시다발적으로 일감을 손에 들고 저글링 중이며(서커스
단원), 그 과정에서 다른 사람들과 주고받다가 누락되는
업무용 문서와 파일이 도대체 어디 있는지 찾기를
반복하다가(숨은 그림 찾기러) 어떤 도구의 유행에 온
마음을 빼앗기는 결과로 이어졌다. 나는 모든 작업에 관한
세부사항을 몰아넣은 이 도구를 잘 쓰고 있다.

소통의 도구: 이메일+카톡 단체방+슬랙

이메일 일과 생산성, 디지털 문화에 대한 연구자 칼 뉴포트는 이메일이 '비동기적 도구'라는 점에 주목한다. 메시지가 발송되는 시점과 읽히는 시점 사이에 대개 간극이 있다는 것. 즉, 누군가가 메시지를 보낼 때 수신자는 반드시 그 자리에 없어도 메시지를 받을 수 있다는 것을 의미한다. 이러한 이메일의 특성 때문에 우리에게 의견을 구하기 위해, 또는 대외비처럼 보안이 중요한 정보를 전달하는 사람에게 즉각적으로 답변을 하지 않아도 된다. 문제는 메일이 쌓인다는 점이다. 휴가에 다녀와서 받은 메일함에 빼곡히 쌓인 메일을 읽다가 울어본 적이 있는지? (지금 저 회의할 시간 없습니다! 밀린 메일 읽어야 한다고요!)

카카오톡 단체방 최근 사용량은 급격히 줄었지만, 카톡 단체방을 통해 소통을 하는 경우도 왕왕 있었다. 카톡 단체방에는 용건을 한 줄씩 여러 번 말하는 사람과 '전체보기'를 꼭 눌러야 할 정도로 장문으로 이야기하는 사람이 섞여 있다. 일에 대해 하고

싶은 말이 많지만 이만 말을 줄이며 이모티콘 하나로
감정을 표현하고 사라지는 사람들을 자주 보기도 한다.
중요한 건, 카카오톡에서 다운로드 기간이 만료된 파일은
아무리 아우성 쳐도 다운로드 받을 수 없다는 점이다.
파일이 공유되면 즉시 받아두기를 권한다.

슬랙

영미권 저자들의 일에 대한 저서를 읽다
보면, 슬랙으로 대표되는 '자꾸만 울려대는
메신저 알람'에 대한 피로 호소를 심심찮게 본다. 거기에는
긴급 대응이 필요한 경우뿐 아니라 '읽어두면 도움이
되는 기사를 공유하는 사람들'로부터의 메시지 알림도
존재한다. 다수의 스타트업을 거쳤던 나는 이런 문화가
나에게 어느 정도 악영향을 끼쳤다고 생각한다. 공유하는
사람은 누군가에게 이 기사가 도움이 될 거라 판단하지만,
공유를 받는 사람의 필요와 자주 어긋난다. 슬랙은 각종
다른 도구들과 매끄럽게 연동되는 기능이 있어서, 브랜드나
서비스를 운영할 경우 각종 수치와 지표, 또는 고객 리뷰와
불만이 주기적으로 업데이트되면서 무한히 알림을 만든다.
물론, 이런 메신저 서비스에서는 깊게 관여하지 않아도
되는 게시판의 알림을 꺼둘 수도 있지만, 차단과 뮤트는

혹여나 미래의 내가 무언가를 확인하지 못해 실수를 저지를
수도 있다는 공포를 안겨준다.

섭외의 도구: 이메일+인스타그램

이메일   인플루언서나 인터뷰이 등을 섭외하는
일을 할 때는 먼저 상대의 SNS에서 문의와
제안을 일괄적으로 받는 '비지니스 메일'을 찾아야 한다.
새로운 프로젝트를 시작하고 싶어하거나, 공신력 있는
매체부터 개성 있는 신생 플랫폼까지 자기 홍보에 열려
있는 이들의 메일 주소는 어렵지 않게 찾을 수 있다.

누구나 처음부터 제안 메일을 유려하게 잘 쓸 수는
없다. 주고받는 이메일의 수렁 속에서 흔쾌한 승낙과
아쉬운 거절의 경험을 두루 맛보다가, 어느 날 입장을 바꿔
누군가로부터 '도저히 거절할 수 없는 제안 메일'을 받게
되었다면 그 메일은 전문을 저장해두는 편이 좋다. 받는
사람으로서의 좋은 경험을 내가 보내는 사람이 되었을 때
응용해볼 수 있기 때문이다. 잘 쓰인 제안 메일이 갖춰야 할
요건들이 여럿 있지만, 가능 여부에 대한 답변을 신속하게
받고 싶다면 상대방이 의사 결정을 바로 내릴 수 있도록

충분한 정보를 제공해야 한다.

| 인스타그램 | 메일을 보냈다면 다시 상대의 SNS로 |

돌아와 프로필에 "DM은 확인하지
않습니다"라는 안내가 쓰여 있는지 확인한다. 그런 말이
별도로 없다면, 조금 전에 당신에게 메일을 보냈으며
답변을 기다리겠다는 정도의 용건으로 DM을 보내는
것까지가 섭외 도구 활용법이다. 일단 나의 진정성 있는
요청이 상대에게 읽히게 만들어야 한다.

시간을 축내는 도구: 이메일+유튜브

| 이메일 | '이메일'이 시간을 축내는 도구에도 |

포함되어 있어서 의외인지? 2018년
즈음부터 국내 뉴스레터 시장이 본격화되면서, 뉴스레터를
읽으며 회사에서 '월루(월급루팡)' 한다는 사람들의 증언이
이어지고 있다. 고도의 줄글 텍스트로 구성된 뉴스레터를
읽는 건 업무용 문서를 읽는 것과 크게 구분되지 않으니까.
물론, 뉴스레터를 통해 내가 일하는 업계에 관한 트렌드를
파악하거나, 오후 회의에서 써먹을 아이디어를 수집하는

참 인재도 있다. 보이는 족족 뉴스레터를 구독해둔 사람은 정상영업일 기준으로 새벽부터 자정까지 도착하는 새로운 뉴스레터들의 기척을 느낀다.

유튜브   21세기 초반까지만 해도 사람들은 TV를 '바보 상자'라고 불렀지만 이제는 더도 덜도 말고 유튜브다. 유튜브는 내 시간을 교묘하게 앗아간다는 점에서는 다소 천재적인 네모라고도 부를 수 있다. 바보 상자 중에서도 쇼츠는 늘 '이렇게 끝나면 안 될 것 같은 순간'에 영상이 끝나면서, 마치 방송사고를 목격한 사람이 된 것 같은 기분을 안겨준다. 그리고 예고 없이 조금 전에 이미 봤던 영상이 반복 재생될 때, 우리는 엄지손가락으로 스크롤을 올려버리며 그 당혹감을 잊는다.

전망 좋지 않은 미래가 기어코 현재가 되어도

지난 1월, 좋아하는 빵집의 SNS에 게시물이 하나 올라왔다. 오렌지필, 레몬필, 크랜베리 같은 건조과일에 꼬냑을 넣고 슈톨렌 전처리를 하고 있다고. 슈톨렌은 크리스마스를 기다리며 하루에 한 조각씩 잘라 먹는 독일의 전통 디저트인데, 몇 해 전부터 국내에서도 널리 알려지면서 너도나도 연말에 서둘러 예약을 하며 챙긴다. 누군가 1월부터 준비해야만 우리는 약 11개월 뒤 즈음 슈톨렌을 맛볼 수 있다. 재료 입장에서는 단순한 '숙성' 단계겠지만, 이렇게 미래를 미리 내다보는 사람들이 많다는 걸 깨달으니 아득해졌다. 그리고 작년 연말의 나는 가장 가까운 동료인 구구와 둥그런 슈톨렌을 무탈히 잘라서 나누어 먹었다. 깊은 겨울밤, 입안을 채우던 시간을 쌓아올린 코냑의 깊은 풍미와 새콤한 과일의 향이 여전히 맴도는 듯하다.

독립출간물부터 단행본이 되기까지 대략 1년 동안 나는

구구와 내가 비슷한 듯 다르다는 걸 종종 느꼈다. 우리는
'서울 및 수도권에 거주하는 30대 여성 지식 노동자'라는
얕은 공통점만을 공유할 뿐, 지금까지 일을 하면서
겪어왔던 과거의 인물이라든가 에피소드를 복기하는
방식이 달랐다. 또한 각자가 일터에서 분개했던 시기를
기점으로 여전히 크게 달라진 바 없는 현재를 향해 문제
제기하는 방식에서도 분명히 달랐다.

　구구와 나는 하나의 단어를 두고 서로 시차를 달리하며
원고를 완성해나갔다. 나는 가끔 사전적 의미만으로도
충분한 단어 앞에서 쓸 말이 없어 막막해질 때가 있었다.
그럴 때, 구구가 먼저 그 단어를 향한 새로운 뜻을 날카롭고
위트 있게 부여한 걸 볼 수 있었고 덕분에 다시금 자세를
고쳐 앉아 일에 얽힌 나의 (흑)역사를 샅샅이 돌이켜볼
수 있었다. 무엇보다도 같은 단어에 대해 두 사람이 다른
의미를 길어 올렸기 때문에, 이 책이 보다 더 넓은 저변의
독자들에게 닿을 수 있으리라 기대한다.

이렇게나 다른 우리이지만, 또 다른 공통점이 있다면 '실버
작업자 분투기'를 쓰는 날까지 일을 하고 싶다는 것일 테다.
노년의 일하는 마음에 대해 지금의 내가 알은체하기란

어렵다. 그렇지만 수많은 일들을 쉬지 않고 해내며 내공을 쌓더라도, 노년이 되어서는 그때에 걸맞는 난감함과 또 다른 처음을 마주하게 된다는 걸 여러 사람들의 경험을 읽고 보며 알아가고 있다.

1953년생 이순자 선생님은 62세에서 65세까지의 일 경험을 총망라한 「실버 취준생 분투기」로 2021년 매일신문 시니어문학상에 당선되었다. 유고 산문집 『예순 살, 나는 또 깨꽃이 되어』(휴머니스트 2022)을 통해 본 선생님은 일하는 자신, 더 일하고 싶은 자신에 대해 하고 싶었던 이야기가 여전히 많았던 듯하다.

작업자로서의 나는 올해로 11년 차에 접어들었다. 그동안 아주 많은 일을 한 것만 같다. 이는 반은 진실이고 반쯤은 착각이다. 내가 약 20년 뒤, 30년 뒤에도 여전히 일을 하고 싶고 그걸 기반 삼아 또 글을 쓰고 싶다고 말하는 건, 이 순간에도 빠른 속도로 다가오고 있는 미래를 낙관하기 때문이 아니다. 사회 초년생의 자리에서 덮어놓고 기성세대 탓을 하던 때와 진짜로 기성세대가 되어버린 지금을 견주어보면, 세상은 크게 달라지지 않았다. 100가지 단어를 통해 드러난 진실은, 작업자가 그 어떠한 상황에서도 자기 자신만 남겨둔 진공 상태에 머무를 수 없다는 점이다.

우리는 언제나 세상에 속해 있다. 이토록 지지부진하고 혼란한 이곳에.

그렇지만, 지금까지 해왔던 것처럼 서로를 읽어줄 동료가 있다면 괜찮을 것 같다. 전망 좋지 않은 미래가 기어코 현재가 되어도 타격감 없이 계속 앞으로 나아갈 수 있는 이유는 오직 거기에 있다.

작업자의 사전
ⓒ 2024

초판 1쇄 인쇄일 2024년 5월 17일
초판 1쇄 발행일 2024년 6월 7일

지은이   구구 서해인
발행인   이지은
마케팅   전준구
디자인   강혜림
제작   제이오

발행처   유유히
출판등록 제 2022-000201호 (2022년 12월 2일)
ISBN   979-11-93739-05-1 03300